LES CAHIERS DE L'IREA
N° 9 - 2017

Revue de l'Institut de recherches et d'études africaines (IREA)

Le juridique

L'Harmattan

LES CAHIERS DE L'IREA
N° 9 - 2017

Revue de l'Institut de recherches et d'études africaines
(IREA)

Le juridique

L'Harmattan

5-7, rue de l'École-Polytechnique 75005 Paris

http://www.librairieharmattan.com
diffusion.harmattan@wanadoo.fr
harmattan1@wanadoo.fr

ISBN : 978-2-343-11607-5
EAN : 9782343116075

Comité scientifique

Monsieur François-Xavier AMHERDT (Faculté de théologie de l'université de Fribourg), Monsieur Dominique YANOGO (UCAO-UUA d'Abidjan), Konan Jérôme KOUAKOU (CRD), Tanden Joseph DIARRA (UUBA/UCAO), Jean Robert TCHAMBA (université de Dschang), Dia Édith COULIBALY née TRAORÉ (université de Ouagadougou), Windpagnangdé Dominique KABRE (université OUAGA II), Pétillon Muyambi DHENA (université de Kisangani-RDC), Pierre Samuel NEMB (Universite de Maroua), Innocent FOZING (université de Yaoundé I), Kengne FODOUOP (université de Yaoundé I), Gabriel NYASSOGBO (université de Lomé), Monsieur Moussa OUEDRAOGO (coordonnateur de projet de développement – B F), Maurice BAZEMO (université de Ouagadougou), Sindani KIANGU (université de Kinshasa - RDC), Alphonse Sekré GBODJE (université Alassane Ouattara de Bouaké-RCI), Augustin COLY (.L.S.H/U.C.A.D – Dakar/Sénégal), Effoh Clément EHORA (université Alassane Ouattara, Côte d'Ivoire), Edmond BILOA (université de Yaoundé I), Mounkaila Abdo Laouali SERKI (université Abdou Moumouni de Niamey), Faloukou DOSSO (université Alassane OUATTARA – RCI), Ilango-Banga Jean-Pierre LOTOY (université de Kinshasa – RDC), Albert MULUMA MUNANGA (université de Kinshasa - RDC), Kouakou Appoh Énoc KRA (université Félix Houphouët-Boigny de Cocody – RCI), Ram Christophe SAWADOGO (université de Ouagadougou), Roch YAO GNABELI (université FHB d'Abidjan - RCI), Issa A. MOUMOULA (université de Koudougou), Joseph YAO (l'université de Cocody), Fodé NDIAYE (Banquier professionnel), Pierre Samuel NEMB (Université de Maroua Yaoundé Cameroun), Justin KOFFI, Gbaklia Elvis KOFFI, Philémon MUAMBA, Apollinaire CHISHUGI CHIHEBE (Université Officielle de Bukavu - RD Congo).

Comité de lecture

Sommaire

Éditorial...9
Blaise BAYILI

Situation du travail domestique au Cameroun : indicateurs de vulnérabilité et violations des droits 15
Alain Roger BOULLA MEVA'A, Adonis TOUKO, Célestin Pierre MBOUA

Migrations, à la fois problème et solution pour l'Europe – quelles mesures prendre en Afrique pour mettre fin aux migrations massives ? 61
Claude GARRIER

Les transformations du principe d'équilibre budgétaire : la problématique 91
Pierre BELEBENIE

De la suspension de l'exercice des droits politiques pour la consolidation des droits de l'homme : respect ou violation de la charte africaine de la démocratie, des élections et de la gouvernance - l'expérience du Burkina-Faso est-elle extrapolable en RD Congo ? 121
Dieudonné KALINDYE BYANJIRA

La Cour pénale internationale est-elle une réponse efficace aux exactions de dirigeants africains ?..........................193
Claude GARRIER

Éditorial

La modernisation en Afrique s'est faite au profil de mutations sociales diverses, plus ou moins réussies, qui ont également participé à alourdir les inégalités sociales déjà existantes. Cela s'est traduit par un système d'exploitation de certaines classes sociales, à la faveur de nombreux vides juridiques, de l'impunité, d'un manque de système de contrôle ou de régulation. Le travail domestique relève très précisément de cette catégorie, dont le cadre reste peu réglementé. Et de fait, on note un manque criant d'actions sociales, politiques et juridiques prenant en compte cette catégorie de travail « informel », de sorte que nous assistons à une situation très préoccupante qui se traduit par une extrême vulnérabilité des employés domestiques, affectant leur qualité de vie. C'est, par exemple, le cas au Cameroun.

En effet, dans ce pays, le travail domestique demeurant encore un secteur peu réglementé, peu organisé et où peu de personnes font profession, la précarité en constitue la caractéristique fondamentale : précarité au niveau des conditions de travail, précarité dans l'exercice professionnel donnant lieu à des changements fréquents de poste, à la violence et à des violations des droits. On est donc en droit de conclure que le travail domestique connait une situation préoccupante, une violation des droits humains (droit du travail, droits sociaux sur fond de problèmes relatifs à l'exploitation des enfants à la vulnérabilité du travailleur domestique se traduisant par le nombre d'activités impliquées, à la pénibilité des tâches aux conditions de rémunération, au respect des droits et de la dignité, aux contrats, assurances, droit de retraite.

Cette situation préoccupante de droits concerne aussi, dans une autre perspective certes, le problème des migrations, notamment des Africains vers l'Europe.

Après les migrations intra-européennes, nous avons maintenant les immigrants du Moyen-Orient et d'Afrique. À ce sujet, nombre de questions se posent : les migrants peuvent-ils se référer à la Déclaration de 1948 ? Ou demander l'asile ? Des terroristes ne risquent-ils pas de se mêler à des migrants pacifiques ?

En effet, si la dénatalité constatée dans la plupart des pays du continent européen (de l'Atlantique à l'Oural, la France exceptée), conduit à considérer l'immigration comme un avantage, en dépit de l'opposition de certains États (Hongrie, États baltes, etc.), en ce qu'elle compense le méfait démographique de la dénatalité et qu'elle apporte une couche nouvelle de consommateurs aux besoins considérables., de sorte que l'immigration favorise à moyen terme, la relance de la croissance économique et apporte une source additionnelle de financement des caisses de retraite, la question se pose de savoir si l'accueil des migrants n'engendre pas un risque supplémentaire d'agression terroriste et si leur entrée massive ne risque pas d'importer des « valeurs » en contradiction avec celles léguées par l'histoire des pays d'accueil, de vider de leur contenu les « valeurs » qui subsistent ? Ces questions sonnent légitimes, car si accueillir massivement les personnes qui disent fuir une zone de guerre ou des persécutions est presque aussi dangereux qu'attraper un tigre par la queue, à la fois dans l'optique policière et celle de la défense des « valeurs » qui subsisteraient, il n'en demeure pas moins que les refuser revient à tenir pour néant la Déclaration de 1948 signée à Paris et les directives européennes fondées sur ce texte. Au finish, c'est la relation entre population nationale et immigrants qui se fait ambigüe, de sorte que certains États dans le monde ne jouent plus les rôles qu'on est en droit d'en attendre d'eux, pendant que la situation économique d'autres laisse une part importante de leur population sans espoir d'un emploi immédiat, d'une vie acceptable. En voilà qui interpelle d'autres droits, ceux politiques pour la consolidation des droits de l'homme, cas du Burkina Faso et du Congo démocratique.

En ce sens, s'il y a des droits de l'homme intangibles, autrement dit ceux relevant du noyau dur , il y en a aussi d'autres qui peuvent être suspendus pour le motif d'ordre public ou toute autre raison jugée valable. Ici, deux dispositions émergent. L'un relevant du Pacte international relatif aux droits civils et politiques et l'autre se fondant sur la Charte africaine de la démocratie. En voilà qui permet de tirer les enseignements sur la lutte des Burkinabés dans la sauvegarde de l'article 37 qui limite les mandats à deux pour le Président du Faso. Mais cette configuration particulière ou plutôt cette lutte du Burkina Faso peut-elle s'exporter dans d'autres pays, notamment le Congo démocratique ? En clair, la République démocratique du Congo peut-elle suivre le schéma du Burkina-Faso ? On le voit bien, les dirigeants africains ont maille à partir avec la démocratie et avec leurs peuples.

C'est une telle situation qui pose le problème de la Cour pénale internationale (CPI). Mais la Cour pénale internationale est-elle une réponse efficace aux exactions de dirigeants africains ?

Autant les Amériques centrale et du Sud et l'Asie orientale sont divisées entre États aux gouvernements relativement démocratiques et d'autres menés par des dirigeants autoritaires, autant l'Afrique, à de rares exceptions près (Ghana, Liberia, Sénégal), est aux mains de despotes fort peu éclairés et rivés à leur trône et donc exposés à la CPI. Et de fait, les comportements de dirigeants africains imposent à la Cour pénale internationale, d'élaborer des dossiers, voire d'inculper. Mais, les chefs d'États africains de plus en plus regimbent contre cette CPI. Les Chefs d'État mécontents peuvent, certes rompre avec le Statut de la Cour et créer une institution concurrente (ils peuvent aussi proposer des modifications au statut). Et de fait, si certains États du même continent semblent satisfaits, malgré ses faiblesses, de l'activité de cette Cour (des membres de la société civile ont la même attitude), d'autres dirigeants africains contestent le rôle universel de la Cour pénale internationale. Ils veulent lui substituer une Cour africaine et pousser les trente-quatre membres de l'Union africaine à dénoncer leur ratification du Statut de Rome. Plus qu'à la Cour, les reproches s'adressent au Statut de Rome, donc aux États qui en ont été les auteurs et qui ne l'amendent pas malgré les contestations.

Mais, si les motifs de récriminations contre la Cour pénale internationale sont nombreux, fondés sur de profondes des dysfonctionnements de ladite Cour, la question reste de savoir jusqu'à quel point une Cour sous-continentale (ne sont actuellement concernés que les trente-quatre États membres de l'Union africaine) donnerait une plus grande satisfaction. Autrement dit, à quelles conditions une Cour sous continentale (elle ne concernerait en fait que quelques États africains) devrait préserver son indépendance et échapper aux reproches actuels faits à la CPI ?

Nous le savons, la CPI est indépendante des États, mais n'est pas supranationale : elle est née d'un traité et doit se conformer aux règles et coutumes du droit international tant qu'un amendement ne lui accordera pas le droit d'ingérence qui reste un apanage des États.

Ainsi, une Cour construite selon le même schéma, qu'elle soit africaine ou d'un autre continent, encourra les mêmes reproches. L'alternative veut que soit envisagée une évolution du statut de la Cour et débattue au plus haut niveau international. Une telle évolution s'adresse aussi à d'autres principes juridiques, tels que celui d'équilibre budgétaire.

En matière juridique, l'on parle d'équilibre budgétaire lorsque l'ensemble des charges du budget d'une collectivité publique est égal à l'ensemble des ressources de ce budget. Et de fait, à la différence des principes d'unité, d'universalité, d'annualité, de spécialité et plus récemment de sincérité budgétaire[1], le principe d'équilibre

[1] Voir, en ce sens, les articles 27 et 32 de la loi organique du 1er août 2001.

budgétaire n'a jamais constitué une obligation juridique pour l'État central, ce dernier étant seulement tenu de limiter son déficit ainsi que c'est le cas « dans le cadre de l'Union économique et monétaire européenne ». Autrement dit, l'État ne peut dépenser plus qu'il ne reçoit. Cette règle est d'application stricte pour les collectivités locales, puisque leurs budgets doivent être votés en équilibre réel. Mais deux thèses s'affrontent : la-*thèse de la prudence financière* (celle-ci est soucieuse de l'équilibre arithmétique) et la *thèse du risque financier inconsidéré* (il est de la nature des services publics de fonctionner à perte en ce sens la plupart des économistes s'accordent à dire que les déficits doivent être nécessairement creusés si l'on veut amortir le choc de la crise). Cependant, la thèse du risque financier inconsidéré mentionnée a du mal à prospérer. C'est qu'en réalité, le principe d'équilibre budgétaire tire sa source, sa légitimation et son efficacité dans les ordres juridiques internes.

Blaise BAYILI

Situation du travail domestique au Cameroun : indicateurs de vulnérabilité et violations des droits

Alain Roger BOULLA MEVA'A[2], Adonis TOUKO[3], Célestin Pierre MBOUA.[4]

Introduction

La modernisation en Afrique s'est faite au profil de mutations sociales diverses, plus ou moins réussies, qui ont également participé à alourdir les inégalités sociales déjà existantes. Ce qui s'est traduit par un système d'exploitation de certaines classes sociales à la faveur de nombreux vides juridiques, de l'impunité, d'un manque de système de contrôle ou de régulation. Le travail domestique relève très précisément de cette catégorie dont le cadre reste peu réglementé. L'on a noté un manque

[2] Sociologue, chargé de cours à l'Université de Dschang, Cameroun.
[3] Chercheur, psychosociologue et épidémiologiste, Secrétaire exécutif du Forum Camerounais de Psychologie (FOCAP), Cameroun
[4] Psychologue, Directeur de Recherche au Forum Camerounais de (FOCAP), chargé de cours à l'Université de Dschang, Cameroun

criant d'actions sociales, politiques et juridiques prenant en compte cette catégorie de travail « informel ». Cette situation forcement préoccupante, se traduit par une extrême vulnérabilité des employés domestiques, affectant leur qualité de vie. Au Cameroun, la morosité du climat économique et l'effondrement du pouvoir d'achat des populations ont contribué à précariser un peu plus cette catégorie de socioprofessionnelle déjà bien « mal lotie ». De fait, les travailleurs domestiques ne jouissent souvent que d'un minimum de sécurité sociale et juridique.

L'étude qui est présentée ici porte sur les conditions du travail domestique au Cameroun. Elle a pour objectif principal d'en faire un état de lieux. Dans cet ordre d'idée, il sera question de situer les indicateurs d'exploitation, de protection juridique et sociale, ainsi que des violations et d'abus dont sont victimes les travailleurs domestiques. La cible principale, de fait, est constituée des travailleurs domestiques[5], en particulier les femmes[6]. Une cible secondaire a été définie, à côté de cette cible principale :

---

[5] Dans cette étude, on emploiera indifféremment les dénominatifs employés domestiques et travailleurs domestiques. Dans le contexte de ce travail, ces expressions renvoient aux personnes exerçant un travail domestique rémunéré. Le travail domestique dans le contexte du Code du travail camerounais implique une nomenclature de différents métiers. Dans la pratique le travail n'est pas toujours décomposé en tâches constitutives de plusieurs métiers différents.

[6] Ce qui traduit la dimension genre, particulière à ce travail. Les femmes constituent plus de 68 % de la main-d'œuvre du travail domestique au Cameroun. Les inégalités des rapports sociaux de sexe observées dans le travail domestique rendent d'autant plus dramatique le fait que les travailleurs de ce secteur ne soient pas suffisamment encadrés et protégés.

l'employeur de travailleurs domestiques. Les principaux indicateurs analysés concernent les conditions de travail, de protection sociale, ainsi que de protection juridique. Un accent particulier est mis sur la situation de vulnérabilité.

Contexte général

Le travail domestique au Cameroun est un domaine professionnel marqué par la précarité. Cette précarité se fonde à la fois sur les conditions de travail et l'existence de nombreuses violations du droit du travail. Cette précarité des conditions de travail traduit également un certain niveau de vulnérabilité. Le fait est que le travail domestique est encore au Cameroun un secteur peu organisé, que l'on pourrait classer comme informel. Les dispositifs d'encadrement juridique et de protection sociale sont désuets. Le décret de 1968[7] ne cadre pas avec la révision du Code du travail de 1992[8]. Ce qui traduit un certain niveau de diffusion de la réglementation par rapport au contexte actuel du travail tel que défini par le droit international. Les travailleurs domestiques disposent de peu ou pas de protection. Le fait que les femmes et les mineurs y constituent une main-d'œuvre importante en fait un secteur sensible. Le travail qui est présenté ici se fonde sur le besoin de situer certains indicateurs de vulnérabilité du travailleur domestique au Cameroun. Une dimension

[7]Décret n°68/DF/253 du 10 juillet 1968.
[8]Loi n°092-007 du 14/08/1992

importante de cette étude concernera la situation des indicateurs d'exploitation, de protection sociale, juridique et des violences. Du fait que le travail domestique concerne en général femmes au Cameroun, l'analyse des inégalités des rapports sociaux de sexe, semble ici inéluctable.

I. Travail domestique, genre, réglementation et vulnérabilité de la littérature

La littérature produite sur le travail domestique suggère que celui-ci, dans divers pays du monde - y compris dans les pays développés -, pose de nombreux problèmes d'encadrement, de protection juridique et de protection sociale. De ce fait, les travailleurs domestiques sont souvent victimes d'abus divers. Dans les sections qui suivent, l'analyse portera sur les facteurs de vulnérabilité du travail domestique.

1.1. Travail domestique, "inorganisation" et "déréglementation"

L'une des caractéristiques les plus récurrentes du travail domestique dans divers contextes est que celui-ci est peu protégé, peu ou pas réglementé (soit qu'il n'existe pas de réglementation, soit que celle-ci, pour diverses raisons politiques, économiques, sociales ou raciales, ne soit pas appliquée). Dans cette perspective, Blackett (2011) montre que le travail domestique est peu régulé et ne dispose pas souvent d'un cadre juridique adéquat.

L'auteur souligne pourtant la reconnaissance de son importance particulière, notamment dans l'économie des ménages. L'auteur fait remarquer que le manque de valorisation et de réglementation du travail domestique est surtout observable dans les pays en voie de développement, où il est classé dans le secteur informel (OIT, 2010).

Anderson (2000) a insisté sur les représentations péjoratives du travail domestique, souvent perçu comme travail de « seconde zone », sale, dévalorisant. Alter Chen (2011) dans une perspective de réflexion théorique sur la réglementation du travail domestique, insiste sur le fait que celui-ci répond peu à un schéma conceptuel. Car bien souvent, il n'est pas classé dans la nomenclature des métiers. À ce titre, différents défis relatifs à la théorisation, à la classification et à la réglementation du travail domestique demeurent. Pour Alter Chen, cette situation constitue un des principaux facteurs de contrainte à la promotion du travail domestique. L'auteur montre en outre que peu d'intérêt a été orienté vers la compréhension du caractère informel du travail domestique, suggérant une fois encore sa marginalisation. De fait, peu de statistiques existent sur ce secteur d'activité.

Du fait du manque de réglementation, on observe souvent nombre d'abus, des violations de droits, des violences, dans le travail domestique, qui font atteinte à l'intégrité et à la dignité de la personne. De ce fait, la régulation du travail domestique fait partie des préoccupations de plusieurs organismes de coopération comme l'OIT, organe des Nations Unies en charge de la protection des droits de travail (OIT, 2010).

1.2. Organisation sociopolitique et réglementation du travail domestique

D'une manière générale, la situation des travailleurs domestiques est très souvent liée au contexte socioculturel, politique, économique, juridique et réglementaire des pays. Dans les pays de l'Afrique subsaharienne notamment, le travail domestique apparaît comme une excroissance des rapports sociaux traditionnels. Backsrom (1996) insistant sur la vulnérabilité sélective des femmes et des enfants, montre que tout comme les enfants (et adolescents), les femmes manifestent dans le monde une vulnérabilité discriminative, en terme d'exploitation et des abus de toutes sortes. Analysant différents matériels, l'auteur montre que si cette vulnérabilité peut être imputables aux legs culturels, la faiblesse de l'encadrement juridique et la protection insuffisante, voire inexistante de la femme et de l'enfant constituent les principaux facteurs de vulnérabilité. En effet, dans le cadre spécifique du travail domestique, les inégalités de rapports sociaux sont souvent fondées sur une architecture socioculturelle. De ce fait, les employés domestiques sont astreints à des conditions de travail que justifie l'ordre social. Le rapport travailleur domestique/employeur peut alors se calquer sur les rapports maître/serviteur, avec de fortes possibilités/manifestations d'abus. Dans le cas des jeunes filles, il n'est pas rare que la relation avec l'employeur se termine par des abus sexuels ou par des relations sexuelles où le consentement ne l'est que de forme, du fait de la dominance psychologique du « maître ».

Ces observations montrent que la vulnérabilité du travail domestique a un rapport au genre.

1.3. Travail domestique, genre et exploitation des enfants

Des auteurs (Alter Chen, 2011; Anyanwu, 1999 ; Fougeyrollas, 2000, Tomei, 2011) ont insisté sur le fait que le travail domestique est très féminisé. Cette féminisation du travail domestique tient en même temps de la vulnérabilité spécifique de la femme, mais surtout, des inégalités sociales de sexe. L'UNIFEM (2009) a souligné le fait que la vulnérabilité spécifique du travail domestique est en partie liée au fait qu'il concerne en majorité les femmes. La nature des rapports sociaux de sexe, le statut socio-économique peu valorisé de la femme ont été identifiés, entre autres, comme facteurs de vulnérabilité. Backsrom (1996) a insisté sur la vulnérabilité sélective des femmes et des enfants. Il a montré que tout comme les enfants (et adolescents), les femmes manifestent dans le monde une vulnérabilité discriminative, en terme d'exploitation et d'abus de toutes sortes. En analysant différents matériels, l'auteur montre que cette vulnérabilité peut être imputable aux legs culturels, à la faiblesse de l'encadrement juridique et la non-application des conventions de protection de la femme et de l'enfant. Une difficulté généralement minimisée du travail domestique des femmes est relative aux rapports de rivalités qui émergent avec leurs « patronnes » (Rollins, 1999).

Anyanwu (1996) a analysé certains aspects relatifs aux inégalités des rapports sociaux de sexe, dans l'exploitation des enfants au Nigéria. Il souligne à cet effet que les représentations de genre, le statut de la femme, celui de l'enfant, sont à l'origine de l'exploitation des enfants et de la jeune fille. Cette vulnérabilité amplifie elle aussi d'autres formes d'exploitations, fondées sur les préjugés de genre et les inégalités des rapports sociaux. L'exploitation du travailleur domestique apparaît dans ces conditions comme le résultat d'une vulnérabilité générée par les formes sociales et les représentations à l'égard de la femme et de l'enfant.

L'implication des enfants dans le travail domestique n'a fait que l'objet de peu d'études spécifiques. Cependant, des auteurs comme Murray et Amorim (2004a, 2004 b) ont montré que celui-ci, au même titre que l'exploitation sexuelle des enfants, ainsi que le travail agricole constituent souvent, dans la pratique, les pires formes d'exploitation des enfants. Car du fait de la vulnérabilité inhérente au statut d'enfant, le travail des enfants est le prétexte de multiples abus et violences.

La troisième Journée mondiale de lutte contre le travail des enfants, organisée le 11 juin 2004 par l'OIT (BIT 2005), avec comme focus le travail domestique des enfants, a mis en évidence une réalité dramatique le plus souvent méconnue : la grande utilisation des mineures (filles de moins de 18 ans) comme travailleuses domestiques. Aussi, d'après le rapport annuel 2007 de l'UNICEF (rapport portant sur la situation des enfants dans le monde), on relève que près de 54 % des enfants de 5 à 14 ans sont astreints au travail domestique. Un certain nombre de ces enfants sont employés dans des tâches domestiques, surexploités, sous-payés, etc. Plusieurs études ont par ailleurs souligné le fait que les risques d'abus sont très élevés lorsque les travailleurs domestiques sont des enfants. L'emploi domestique des enfants pose, entre autres problèmes, celui du respect de leur droit à l'éducation. Ce qui a amené l'OIT en 1989 à souligner que « *les jeunes qui travaillent comme domestiques sont probablement les enfants les plus vulnérables et les plus exploités de tous* ».

Analysant le phénomène du travail des enfants en Côte d'Ivoire, Diallo (2001), montre que les enfants sont engagés dans divers secteurs de travail. Cette analyse pourrait s'adapter, dans ses grandes lignes, à différent contexte en Afrique, en particulier à celui du Cameroun. Si l'analyse n'est pas axée sur le travail domestique, elle suggère tout de même, lorsque l'on analyse les secteurs concernés, que le travail domestique est massivement concerné par le travail des enfants. Il insiste surtout sur l'exploitation des enfants issues des familles sans revenu (ou à faible revenu). Dans ce contexte, le monde rural et les enfants de la rue apparaissent comme les plus vulnérables. L'auteur souligne qu'aux moins ¼ des enfants en Côte d'Ivoire sont employés dans diverses formes de travail. Il insiste par ailleurs sur le rapport entre la division actuelle du travail des enfants et l'organisation de la société traditionnelle en Côte d'Ivoire, anticipant ainsi sur le rapport qui existe entre les formes sociales traditionnelles et l'organisation moderne du travail. Dans cette perspective les mentalités à cet égard jouent un important rôle catalyseur, concernant notamment les enfants.

1.4. Travail domestique et migration

Un autre facteur de vulnérabilité du travail domestique est l'immigration. La situation de migrant est généralement un facteur de vulnérabilité, notamment lorsque celle-ci est clandestine (Morice, 1997 ; Rivera, 2000). D'autre part, en dehors de la situation de clandestinité, le migrant demeure vulnérable, à cause du phénomène induit d'intégration souvent difficile, en fonction de la perception de l'étranger et de réglementation à cet égard. La littérature scientifique insiste sur la vulnérabilité spécifique du migrant, particulièrement en situation de crise politique, économique ou sociale. La précarité induite par la situation d'immigration/migration fait du travail domestique, un domaine privilégié d'intégration. La clandestinité y constitue souvent un surcroit de vulnérabilité, justifiant l'exploitation et la violence. Des auteurs comme Andall, (2000), Bisilliat (1996), Rivera (2000) ont insisté sur le rapport entre travail domestique, migration et vulnérabilité des femmes, du fait de la demande de plus en plus forte orientée surtout dans la garde des enfants et des personnes âgées. La population des travailleurs domestiques migrants de sexe féminin est très recherchée. Le désintéressement des États, concernant la prise en charge des enfants et du troisième âge, se traduisant par la réduction des subventions aux institutions à charge de ces 02 catégories, obligent les familles à faire recours aux travailleurs domestiques, dont la plupart sont des travailleurs migrants. Les mesures de plus en plus austères en Europe concernant l'immigration, confinent les étrangers, surtout noirs à la clandestinité. Ce qui constitue un important facteur d'exploitation des travailleurs domestiques, notamment de sexe féminin (De Rudder, Poiret & Vourc'h, 2000). Des auteurs insistent sur le fait que dans les pays développés, la "racialisation" du travail domestique et la marginalisation des sujets qui s'y inscrivent, constituent souvent d'importants facteurs d'exploitation (Kofman., Phizacklea , Raghuram & Sales, 2000).

Cette vulnérabilité du travailleur migrant, peu documenté en Afrique, mais observée empiriquement, a justifié l'intégration de la migration comme variable à observer.

1.5. Problèmes généraux du travail domestique au Cameroun

Il n'existe pas une littérature abondante sur le travail domestique au Cameroun. Les travaux consultés (Abega & Abe, 2007 ; MICS, 2006) suggèrent que le travail domestique n'est pas seulement un produit de la modernité ; il remonte à la lointaine histoire des cultures et est emprunt de connotations et représentations socioculturelles péjoratives, où il n'existe de notion du droit des travailleurs domestiques. Dans leurs contextes propres, différentes formes culturelles du Cameroun ont employé des travailleurs domestiques, avec des statuts différents (en fonction des groupes culturels, du rang social des familles. Abega & Abe (2007) soulignent que le travail domestique fait partie des formes d'exploitation les plus anciennes. Ils insistent sur les inégalités des rapports sociaux de sexe qui se manifestent dans cette situation, avec des abus.

Des données statistiques récentes (MICS, 2006, p. 185) montrent que ce type de travail s'intègre dans un secteur qui emploie une partie importante de la force de travail. La distribution ci-dessous, portant sur les enfants, permet de visualiser les constellations y afférentes :

- Tout travail domestique : 83,3 %
- Tout travail de l'enfant : 38,6 %
- Tout travail de l'enfant, en dehors du ménage, non rémunéré : 16,1 %
- Tout travail de l'enfant, en dehors du ménage, et rémunéré : 3,4 %

À l'état actuel des recherches, il n'existe pas au Cameroun une étude focalisée sur le travail domestique de manière en éclairer les fondements juridiques, économiques et socioculturels de ce phénomène social. Cette recherche tend à combler ce gap.

2. Méthodologie d'approche

La méthodologie d'approche partira de la formulation des objectifs, à la déclination des stratégies de collectes et d'exploitation des résultats.

2.1. Objectifs de l'étude

- **Objectif global**

Identifier et caractériser la situation des indicateurs de vulnérabilité du travail domestique au Cameroun (en particulier relativement à la protection juridique et sociale).

- **Objectifs spécifiques**

- Décrire les conditions de travail domestique en faisant un focus sur la situation des tâches (nombre, pénibilité, tec.).
- Analyser les mesures de rémunération, de protection juridique et sociale
- Caractériser les conditions des femmes et des mineurs;
- Évaluer et analyser la situation de violation des droits, violences et abus.

-

2.2. Cible et sites de l'étude

L'étude qui est présentée ici est à dominante quantitative. Il a surtout été question de donner une estimation chiffrée de la situation des indicateurs ciblés de vulnérabilité. Le choix des sites a obéi à trois principes :

Principe 1: distribution nationale.

L'étude a obéi à une distribution nationale. À cet effet, elle a été menée sur les 10 régions que compte le Cameroun. Elle a à la fois respecté un découpage administratif et une perspective ethno-régionale.

Principe 2: choix régionaux

L'échantillonnage a suivi une stratification régionale. Les sites étaient choisis dans les 10 régions. Dans chaque région, 02 sites ont été systématiquement choisis, abstraction faite des régions du Littoral et du Centre où les 02 grandes métropoles (Douala, dans la région du Littoral et Yaoundé, dans la région du Centre) ont été fixées d'emblée, en raison de leur importance démographique et de leur cosmopolitisme (selon le schéma des grandes études nationales au Cameroun), puis annexés au choix des 02 autres sites.

Principe 3 : Choix alterné grande ville/ville de moyenne importance.

En raison de la dominante urbaine du phénomène observé par les ECAM[9], l'option : ville de grande importance[10], versus ville de moyenne importance a été préférée à l'option : urbain versus rural.

Deux principales cibles ont été visées ici : les travailleurs domestiques et leurs employeurs.

---

[9]Enquête camerounaise sur les ménages

[10] Ici, les grandes villes des 10 régions, en l'occurrence les chefs-lieux de région, ont été fixées. Une deuxième ville a été tirée par choix aléatoire.

Démarche de sondage

La démarche de sondage a été stratifiée à 02 degrés. Le processus de sélection de l'échantillon a été probabiliste avec dispersion nationale.

Au premier niveau, l'on a été conduit à une subdivision du territoire national en 12 pôles d'enquête (10 régions plus les deux grandes métropoles). La Définition et le calcul de la taille de l'échantillon ont obéi aux principes présentés plus haut: Sélection d'office des chefs-lieux de région et tirage aléatoire de 01 un autre site. Ce qui a donné un total de 22 sites. Au deuxième niveau, l'on a sélectionné des Zones se Dénombrement (ZD), puis les ménages et les sujets dans les manages, à partir la méthode de KISH, suivant poids démographique des ZD.

2.3. Taille des échantillons

La taille de l'échantillon de chacune des deux cibles a été constituée sur une base nationale.

- Les travailleurs domestiques

En l'absence d'un indicateur spécifique du travail domestique au Cameroun, due à l'absence des statistiques à cet égard au moment de l'étude, la présente recherche a recherché l'indicateur le plus proche, soit la *proportion des travailleurs domestiques y compris les aides-familiaux présents dans les ménages et bénéficiant d'une rémunération* ((ECAM III).Cette étude se situe à 1 % à l'échelle nationale avec 2,55 % en milieu urbain et 0,32 %

en milieu rural (le niveau assez bas de cet indice en milieu rural a justifié le choix exclusif des sites urbains). La détermination de la taille de l'échantillon s'est fondée sur cet indicateur, et par souci de robustesse, a eu recours à une formule de calcul de la taille optimale d'un échantillon, dans le cadre des sondages aléatoires :

$$n \geq n_0 = \frac{(U_{1-\mu/2})^2 \, p(1-p)}{\mu^2}$$

Où :

- n est la taille de l'échantillon requise pour garantir la fiabilité des résultats avec un degré de confiance 1-µ ;
- n_0 est la taille minimale nécessaire pour obtenir de tels résultats ;
- µ est la marge d'erreur admise qui sera considérée égale à 5 %[11] ;
- $U_{1-\mu/2}$ est le fractile d'ordre 1-µ/2 de la loi normale centrée réduite (N (0,1)) qui est égal à 1,96 ;
- p est le pourcentage estimé de la population qui présente le caractère ou le phénomène étudié dans la population cible (cette proportion a été majorée de 7 % en considération du fait que l'ECAM III ne visait pas nécessairement cette activité, qui par ailleurs connait une évolution constante du phénomène en milieu urbain).

---

[11] Plus cette marge est réduite, plus la taille de l'échantillon doit être élevée.

L'application de cette formule a permis d'obtenir la taille de l'échantillon à 1500 travailleurs domestiques. En tenant compte d'une marge de prévision de 10 % de non-réponses et des questionnaires non validés après la saisie, cette taille a été valorisée à 1650 employés, correspondant à l'échantillon calculé. En projetant cet échantillon sur le terrain, un questionnaire supplémentaire était donné à chaque enquêteur, ce qui a permis d'obtenir un échantillon de 1562 employés domestiques effectivement enquêtés, après épuration et élimination des questionnaires non valides.

- Les employeurs

L'indicateur recherché a concerné l'employé domestique lui-même, cible principale. La détermination de la taille de l'échantillon des employeurs s'est faite par quota, sur la base du choix aléatoire 1/3 employeur[12]. En tenant compte de la marge de 10 %, l'on a obtenu un quota de 550 employeurs. Après épuration et élimination des questionnaires non valides, l'échantillon obtenu est de 512 employeurs.

2.4. Outils d'enquête

Deux questionnaires ont été utilisés : un questionnaire adressé aux employés domestiques et un questionnaire adressé aux employeurs.

[12] L'enquêteur choisissait aléatoirement 01 employeur sur 03 ménages employant un travailleur domestique enquêté.

Ces questionnaires anonymes, pré-codés, ont été constitués en modules autour des facteurs/indicateurs suivants : caractéristiques de l'emploi domestique ; niveau de rémunération ; conditions de travail ; situation des violences et abus ; les mesures de protection juridique ; les mesures de protection sociale. D'autres facteurs mineurs ont également comme la migration, la situation familiale, ont été inclus, mais non analysés en profondeur, du fait de leur influence peu significative sur la vulnérabilité au travail.

2.5. Techniques d'analyse et d'exploitation des résultats

Les données ont été saisies sous CsPro, puis apurées sur Excel. L'analyse des données a été faite sous SPSS. Les principaux indices utilisés ont été ceux de la statistique descriptive. Cependant, des indicateurs de la statistique inférentielle ont été utilisés les inférences en population générale, ainsi que pour les tests de significativité des rapports entre groupes d'indicateurs étudiés. Le Chi carré a été utilisé, le cas échéant, pour les besoins de significativité. Les indices de statistique descriptive utilisée sont : la moyenne, le mode, l'écart-type, etc., en vue de décrire la situation des indicateurs.

3. Résultats

Les résultats sont présentés en rubriques, organisés surtout autour des principaux indicateurs étudiés.

3.1. Caractéristiques des employés domestiques

Les caractéristiques de l'échantillon des travailleurs domestiques sont données par le diagramme ci-dessous :

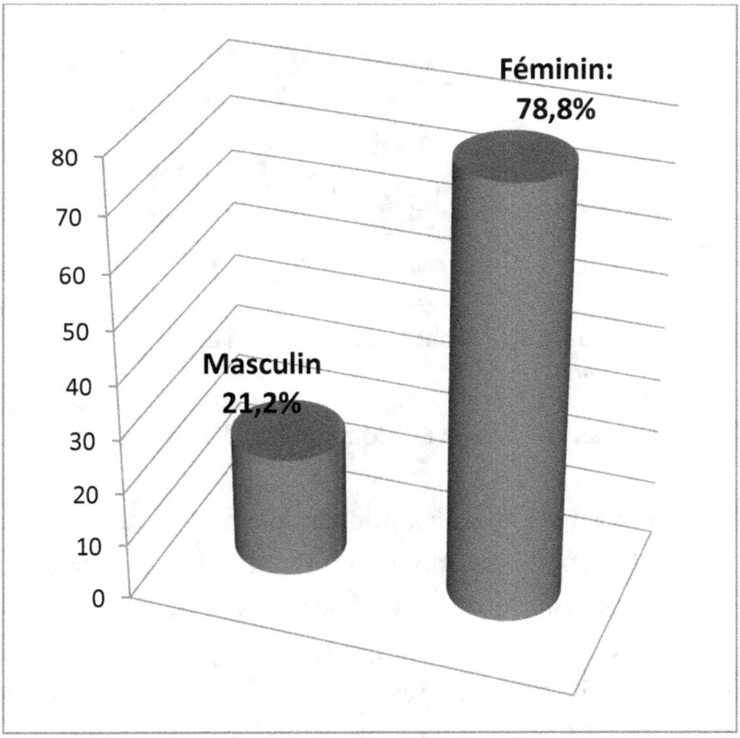

Fig. 1 : Situation du travail domestique par sexe

L'analyse de cette figure montre que le travail domestique est exercé à 78,8 % par les femmes et à 21,2 % par les hommes. L'on note donc une forte dominante féminine du travail domestique. Ce qui souligne déjà, compte tenu de l'organisation des rapports sociaux de sexe, un facteur de marginalisation.

Les caractéristiques sociodémographiques de l'échantillon permettent également de noter l'utilisation des enfants. On note en effet ici une proportion non négligeable de sujets âgés de moins de 18 ans.

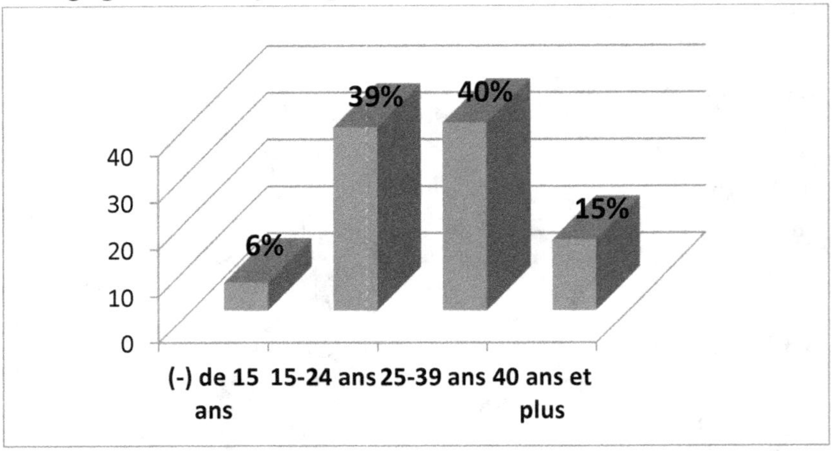

Fig. 2 : Situation du travail domestique par tranches d'âge

6 % des sujets sont des mineurs des moins de 15 ans ; 12,4 % des sujets de moins de 18 ans. Ce pourcentage traduit l'importance du travail des enfants dans le travail domestique. Ceci est plus important lorsque l'on passe du sexe masculin au sexe féminin. On enregistre en effet 16,1 % des filles de moins de 18 ans, contre 10,9 % des garçons de moins de 18 ans. Ce qui est indicatif d'une féminisation du travail domestique des enfants. Le travail domestique des enfants est plus important dans les régions d'organisation sociale très centralisée[13]. Ainsi la région du Nord-Ouest est la plus concernée par ce phénomène

[13]Ici, les zones de tradition et de pouvoir féodal, où la société très hiérarchisée est sensible aux statuts et aux jeux de rôle.

(30,9 % de l'ensemble des sujets de moins de 15 ans et 20,2 % de l'ensemble des sujets de moins de 18 ans), suivie de la région du sud-ouest (23,4 % de l'ensemble des sujets de moins de 15 ans et 22,9 % de l'ensemble des sujets de moins de 18 ans), de la région de l'Extrême-Nord (19,1 % de l'ensemble des sujets de moins de 15 ans et 15,4 % de l'ensemble des sujets de moins de 18 ans) et enfin de la région du Nord (18,1 % de l'ensemble des sujets de moins de 15 ans et 10,6 % de l'ensemble des sujets de moins de 18 ans).

L'on note généralement que les travailleurs domestiques sont peu instruits : un peu plus de la moitié (50,3 %) des sujets n'ont fait que des études primaires. Ici aussi, on note une inégalité de genre, avec 62,3 % de sujets ayant fait au plus des études primaires chez les hommes et 46,7 % des femmes qui ont atteint le même niveau.

3.2. Caractéristiques des employeurs[14]

Dans un ménage, c'est plus souvent à la femme (71,6 %) de gérer le travailleur domestique[15]. Au Cameroun, un nombre important d'employeurs ont fait des

[14] Dans cette étude, l'on a appelé employeur, la personne qui gère au quotidien, le travailleur domestique, distribue les tâches. L'on note également ici que la gestion du travail domestique obéit à la logique « genre » et traduit les mentalités, eu égard aux jeux de rôles. En effet, la gestion des tâches ménagères qui incombe traditionnellement aux femmes.

[15] Ceci traduit également les mentalités, relativement à la gestion des tâches dites « ménagères ». Il appartient plus souvent à la femme qu'à l'homme de gérer celui/celle qui s'occupe de ces tâches.

études universitaires, avec une plus grande occurrence pour les hommes (62,3 %)que de femmes (42,1 %). Les employeurs ont souvent au moins un niveau secondaire (81,8 %). 77,6 % d'entre eux ont au moins atteint le second cycle de l'enseignement secondaire. L'index socio-économique des employeurs est le plus souvent moyen. Chez les hommes, il est élevé dans 25,3 % des cas ; moyen dans 41,8 % et faible 32,9 %. Chez les femmes, il est élevé dans 18,2 % ; moyen dans 48,4 % des cas et faible dans 18,7 % des cas.

3.3. Proportions d'employés domestiques dans les ménages

Dans l'ensemble, le nombre moyen de travailleurs domestique par ménage est de 1,30. Cela tend à monter que les employeurs emploient le plus souvent un seul travailleur domestique. La figure n° 4 donne une meilleure lecture de cette situation.

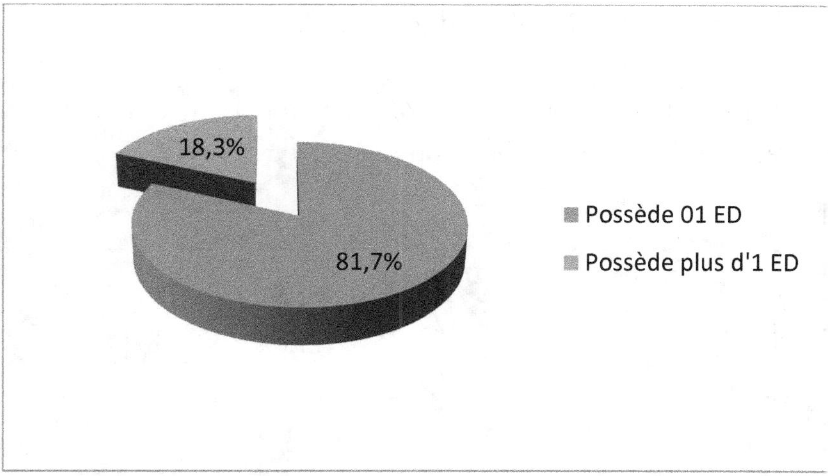

Fig.4 : Utilisation des employés domestiques dans les ménages

Cette figure montre que pour les employeurs concernés, la grande majorité (81,7 %) utilise souvent au plus un employé pour les différentes tâches domestiques. Seulement 18,3 % qui en utilisent plus d'un.

3.4. Migration, logement et stabilité dans le travail domestique

Cette section porte sur l'analyse des facteurs de stabilité et de vulnérabilité professionnelle que sont la migration, la situation de logement et mobilité dans la profession.

3.4.1. Situation des migrations[16]

La situation de migration, en fonction des types recensés est donnée ci-dessous :

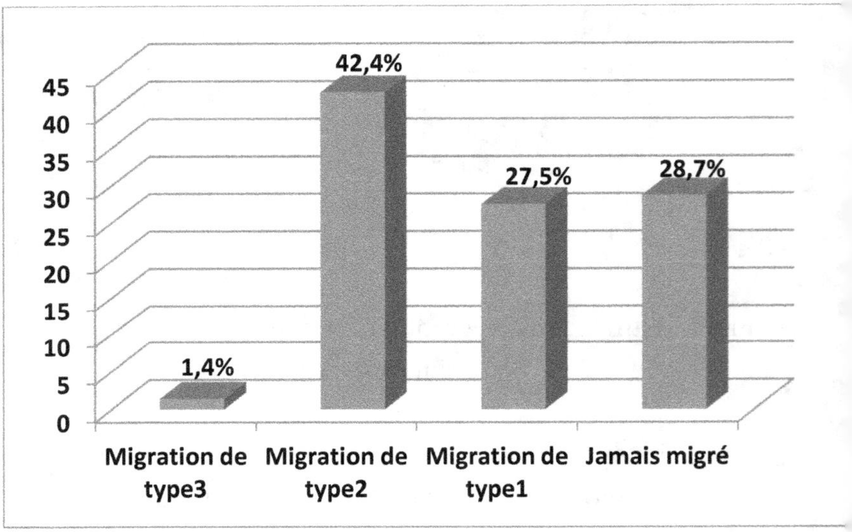

Fig. 3 : Situation des migrations

L'analyse tiendra du contexte ethno-régional varié du Cameroun. En tenant compte du déplacement du site de naissance dans une autre région ou un autre site, la migration est un phénomène important dans l'ensemble de l'échantillon. Elle concerne 71,3 % des travailleurs domestiques. La migration de type 1 enregistre un

[16] Trois types de migration sont observés : la migration de type 1 (migration dans le même pays, dans un autre site que celui de la naissance, à l'intérieur d'une même région) ; la migration de type 2 (migration dans une autre région du pays) ; la migration de type3 (migration à partir d'un autre pays : émigration du point de vue du pays d'origine du travailleur domestique).

pourcentage de 27,5 % ; la migration de type 2, 42,4 % ; la migration de type3 1,4 %. Ceci amène à constater qu'au Cameroun, si les travailleurs domestiques travaillent davantage dans un autre site ou une autre région que celle/celui de leur naissance, le phénomène d'immigration reste résiduel dans le travail domestique.

La motivation des déplacements est souvent la recherche du travail (52,5 %), avec une plus grande occurrence des hommes (75,5 %) que chez les femmes (44,7 %). Ce qui pose le problème de l'inégalité des rapports sociaux de sexe. Car l'initiative du déplacement est souvent le fait des hommes (69,5 % des cas) que des femmes (43,4 %). Cette inégalité de rapports sociaux de sexe peut également se lire au niveau de la deuxième plus importante cause de migration : le regroupement familial. Ici, on voit que les femmes se déplacent le plus souvent pour ces causes (36 %) que les hommes (11,4 %).

3.4.2. Stabilité professionnelle du travailleur domestique

Le travail domestique se caractérise par une forte instabilité. Cette instabilité concerne la durée dans la profession et la durée dans un poste donnée. La durée moyenne au poste actuel est très courte, de l'ordre de 25,4 mois ; la durée moyenne dans la profession est de seulement 52,7 mois. Ce qui pose un problème de professionnalisation du travail domestique au Cameroun. Dans l'ensemble de l'échantillon, 70, 9 % des départs correspondent à une démission. La cause des démissions la plus récurrente est liée à l'irrégularité des salaires (40,9 % des cas).

3.4.3. Situation du logement

La situation de précarité des employés domestiques peut déjà se lire à la situation du logement. Moins de la moitié des employés domestiques vivent dans leur propre ménage (41,2 %) ; 25 % des travailleurs domestiques vivent chez l'employeur ; 27,3 % vivent chez les parents/tuteurs et 4,6 % chez des amis et connaissances.

3.5. Situation familiale, appartenance culturelle et choix professionnel

3.5.1. Situation familiale

La situation des employés domestiques met en évidence la précarité des parents. Bien que la mère soit en vie dans 71,6 % des cas le plus souvent (80 % des cas), elles ne résident pas dans le même ménage que le travailleur domestique. Ce qui est surtout préoccupant, quand il s'agit des mineurs. Les mères n'exercent un emploi rémunéré que dans 5,9 % des cas. Le plus souvent (56,9 % des cas), elles ont plus de 6 enfants et vivent souvent en zone rurale (surtout dans les régions Nord-Ouest et du Sud-Ouest, avec respectivement 75,3 % et74, 4 % des mères vivant en zone rurale).

La situation des pères d'employés domestiques n'est guère différente. Les pères des employés domestiques sont en vie dans 52,9 % des cas. Seulement 21,7 % d'entre eux exercent un emploi rémunéré. Ils ont en moyenne 8,10 enfants[17], moyenne supérieure à l'Indice Standard de Fécondité national (ISF), qui est de 5,3 enfants. Ils sont polygames dans 39 % des cas et ne cohabitent avec leur enfant que dans 16,7 % des cas. Le travail domestique s'intègre souvent comme une tradition familiale (29,5 % des employés domestiques ont au moins un frère dans la profession), sociale ou clanique (56,1 % des employés domestique ont un membre du village exerçant la même profession).Ce qui traduit une régionalisation et une « ethnicisation » du phénomène.

3.5.2. Situation d'appartenance et choix professionnel

L'influence de la situation familiale sur le choix professionnel est soulignée par le fait que dans 29,5 % des cas, les employés domestiques ont un frère qui fait le même métier ; dans 38,3 %, un membre de la famille. L'influence de formes sociales traditionnelles est à souligner, puisque l'on enregistre plus de 56,1 % des employés domestiques qui déclarent avoir un membre de leur clan ou de leur village faisant le même travail. Ici, certains villages se spécialisent dans cette forme de travail, notamment dans le Nord-Ouest (89,8 % des employés domestiques) ; le Nord (71,7 %) ; l'Extrême-Nord

[17] La différence entre nombre d'enfants du père et nombre d'enfants de la mère se justifiant plus souvent de la polygamie que de la recomposition des familles.

(65,4 %) ; l'Adamaoua (60,4 %) ; le Sud-Ouest[18] (59,1 %). Dans ces régions, des clans/villages, se spécialisent dans la fourniture des travailleurs domestiques.

3.6. Situation des tâches et durée au travail

3.6.1. Diversité des tâches

Le travail domestique au Cameroun est caractérisé par la diversité des tâches, qui pourrait constituer autant de nomenclatures de métier. Le tableau n° 1 ci-dessous illustre bien cette situation.

[18] Ces régions se caractérisent par un plus grand conservatisme des formes sociales traditionnelles et par une plus grande rigidité des rapports sociaux (y compris des rapports sociaux de sexe). Ce sont également ces régions qui enregistrent le plus de problèmes de scolarisation, notamment des filles et des groupes sociaux marginalisés (Bororo, Toupouri, etc., dans les régions du Nord, de l'Extrême-Nord et de l'Adamaoua).

Tableau n° 1 : décomposition des tâches du travail domestique au Cameroun

Nature de Tâches	**Selon les employés %(*)**	**Selon les employeurs %**
S'occupe de la propreté de la maison	83,4	88,7
Fait la vaisselle	78,9	84,2
Fait la lessive	78,8	88,3
S'occupe des commissions hors de la concession	61,8	54,9
Fait la cuisine	58,9	54,5
Garde d'enfants	44,5	47,1
Fait le jardinage	19,7	14,6
Lavage de véhicule	12,5	19,5
Participe aux travaux champêtres	8,6	8,2
Autres	2,6	1,8

Ce tableau montre la décomposition des activités incluses dans le travail domestique, du point de vue des employés domestiques et du point de vue de l'employeur. Dans les deux cas, l'on voit bien que dans l'entendement des deux cibles, le travail domestique concerne l'ensemble des tâches ménagères incluant souvent la garde des enfants (dans 44,5 % des cas selon les employés domestiques), le jardinage, le lavage des véhicules et les travaux champêtres. Cette diversité des tâches souligne que le travail domestique est un travail pénible, soumis à l'exploitation.

3.6.2. Durée au travail

Au Cameroun deux dispositions réglementaires encadrent le travail domestique[19], fixent et organisent la durée au travail :a la loi n° 092-007 du 17 août 1992, portant modification du Code du travail[20] ; le décret n°68/DF/253, du 10 juillet 1968, portant organisation du travail domestique[21].

Quel que soit le cadre réglementaire considéré, l'on constate que plus souvent, les travailleurs domestiques travaillent plus de jours que requis. Lorsque l'on prend comme référentiel la loi de 1992, on constate que 87,4 % des travailleurs travaillent plus de 05 jours ; que 91 % d'entre eux travaillent le samedi ; que 83,1 % travaillent les jours fériés et que 33,3 % travaillent aussi les dimanches. Lorsque le référentiel est le décret de 1968, on constate que 27,3 % d'entre eux travaillent plus de 06 jours, correspondant au travail systématique les dimanches[22].

Dans les deux cas, le nombre d'heures déborde les 08heures de travail par jour dans 60,1 % des cas ; les 09

---

[19] Le décret de 1968 n'a pas été modifié et adapté à la loi de 1992.

[20] Cette loi fixe à 5 le nombre de jours de travail par semaine, pour tous les travailleurs.

[21] Ce décret fixe le nombre de jours de travail du travailleur domestique à 06.

[22] Le pourcentage (33,3 % lu plus loin), correspondant à ceux qui ont déjà eu à travailler le dimanche, est inclusif.

heures dans 34,3 % des cas. Dans cette mouvance, le nombre d'heures de travail n'est fixe que 32,5 % des cas.

3.7. Protection du travailleur domestique et conditions de rémunération et violence au travail

3.7.1. Protection sociale

Les travailleurs domestiques ne disposent pas de suffisamment de protection sociale au Cameroun. Lorsque l'on considère la protection sociale sous l'auvent de la signature des contrats, seulement 4,7 % des employés domestiques déclarent disposer d'un contrat de travail. La pratique des congés annuels est peu répandue dans ce secteur d'activité. Seulement 18,9 % des travailleurs domestiques déclarent avoir déjà bénéficié d'un congé annuel. La sécurité sociale est encore peu assurée. Seulement 3,3 % des sujets déclarent être inscrits à la Caisse nationale de prévoyance sociale[23].

3.7.2. Conditions de rémunération

Au Cameroun, on recense trois principales formes de rémunération dans le travail domestique : le salaire, le paiement à la tâche et le paiement en nature. La forme de rémunération la plus récurrente est le salaire (86 %), suivi du paiement à la tâche (10 %) et du paiement en nature (3 %). Les salaires sont généralement peu élevés, souvent

---

[23] La CNPS est au Cameroun le principal organe qui assure la retraite des salariées.

en dessous du SMIG (28.216FCFA). La moyenne salariale est de 23 678 FCFA (soit 1,57 $ par jour). On observe les minima de l'ordre de 3000 (soit 12, 66 % du montant de la moyenne et 10,63 % du montant du SMIG). Lorsque l'on considère l'ensemble des travailleurs domestiques, 72 % ont un salaire inférieur au SMIG.

3.7.3. Violences au travail

Du fait qu'il est peu encadré, le travail domestique est souvent le prétexte de violences physiques, psychologiques et sexuelles. L'estimation des violences envers les travailleurs domestiques a été faite de deux points de vue : de leur point de vue et de celui de leurs employeurs.

90 % des employeurs reconnaissent l'existence de violence psychologique sur les ED ; 59,5 % d'entre eux pensent qu'il existe des faits de violence physique ; 48,7 % pensent qu'ils existent des violences sexuelles sur les employés domestiques.

Concernant les employés domestiques eux-mêmes, 44 % soulignent l'existence de violence psychologique; 13,5 %, l'existence des violences physiques (dont 9,3 % à mains nues et 4,1 % à main armée); 6,5 %, l'existence violences sexuelles (viols, attouchement, harcèlement).

4. Discussion

Comme cela a été souligné dans la revue de la littérature (Alter Chen, 2011 ; Tomei, 2011), la distribution des caractéristiques démographiques montre bien que le travail domestique est à dominance féminine. Des auteurs comme Dénèfle (1995), Kaufmann, (1996, 2000), Segalen (1988), Zarca (1990) ont fait remarquer le fait que les inégalités observées relèvent de l'organisation sociale et sont tributaires des conceptions traditionnelles ou héritées. Plus généralement, dans les tâches domestiques et incidemment dans le travail domestique, les inégalités entre hommes et femme pourraient s'expliquer par le « pouvoir domestique », c'est-à-dire par les « rapports de forces » dans l'organisation des rapports conjugaux. Cette division sexuelle du travail domestique est liée, selon ces auteurs à différents facteurs tels que l'organisation de la famille, l'organisation des rapports conjugaux (ainsi que de leurs modalités), les rapports sociaux de sexe, etc. qui, dans l'organisation traditionnelle des sociétés patriarcales, sont en défaveur de la femme.

L'analyse des données a montré que le travail domestique des enfants est une réalité préoccupante au Cameroun, puisqu'on y enregistre une proportion non négligeable des enfants de moins de 15 ans. Comme l'a souligné Alter Chen pour le cas de la Côte d'Ivoire, le travail domestique des enfants ajoute un surcroit de vulnérabilité à la vulnérabilité intrinsèque à l'enfance, cette profession étant elle-même source de vulnérabilité, puisqu'empreinte de stigmatisation et de discrimination. Ceci est encore plus vrai des filles. La féminisation du travail domestique suggère une plus grande vulnérabilité des filles, soumises souvent à des abus divers, comme le soulignent Backsrom (1996) et UNIFEM (2009).Les inégalités d'éducation entre hommes et femmes sont non seulement susceptibles d'expliquer plus la féminisation du travail domestique, mais encore renforce la vulnérabilité de la femme.

Le travail domestique au Cameroun est un emploi de grande pénibilité physique, psychique et sociale. Les différentes tâches concernées par le travail domestique ne respectent pas la nomenclature des métiers domestiques. Souvent un seul individu les exerce toutes ; travaille plus de 10 heures par jour ; travaillent le samedi, le dimanche et les jours fériés. Du fait de la péjoration, les employés domestiques sont souvent victimes d'intimidation de la part des membres des ménages, des menaces verbales, de suspicions de violences verbales et psychologiques. Toutes choses qui alourdissent le coût physique, psychologique et social du travail domestique, traduisant un potentiel de stress, qui pourrait justifier l'extrême mobilité des employés domestiques.

Dans le travail domestique, on note dans les diverses formes de violations des droits et abus, une différence importante entre le sexe masculin et le sexe féminin. Les femmes sont davantage victimes de violences. Ce qui à plusieurs égards, traduit dans le travail domestique l'existence des inégalités liées au genre, voire les inégalités des rapports sociaux de sexe.

Les travailleurs domestiques sont souvent issus des familles pauvres et nombreuses, où la situation de polygamie est très importante. Les familles, du fait de la pauvreté, n'ont souvent pas accès à l'instruction. Ce qui ne leur permet pas d'avoir accès à une meilleure condition socioprofessionnelle, ni d'être compétitifs. Ce sont donc souvent des sujets que l'exclusion sociale et la précarité ont reversés dans le travail domestique. Ce qui expliquerait à différents niveaux, la déconsidération profonde du travail domestique et les abus qui y sont perpétrés. La précarité de la situation familiale des employés domestiques, suggère, comme l'a souligné Diallo (2001), qu'il existe un rapport entre la situation sociale des familles, les formes sociales traditionnelles et travail domestique. Les résultats obtenus ici suggèrent que la grande précarité des familles dont sont issus les travailleurs domestiques au Cameroun explique leur faible niveau d'instruction, et de fait, leur choix professionnel. La panoplie des choix possibles étant réduite du fait du manque de formation et de qualification, les employés domestiquent eux-mêmes déclarent n'avoir choisi ce travail par vocation que dans 2,9 % des cas. La nécessité et la pauvreté sont les plus grands déterminants, cumulant 90,1 % des déterminants motivationnels du choix professionnel.

L'on note par ailleurs une certaine régionalisation et une certaine ethnicisation du travail domestique au Cameroun. Les travailleurs domestiques sont généralement issus des minorités discriminées, marginalisées ou socialement peu intégrées, ayant peu ou pas accès à l'éducation.

Au Cameroun, il n'existe pas un cadre harmonieux de réglementation du travail domestique. Cela traduit le fait que les pouvoirs publics aient quelque peu négligée ce domaine particulier. Il existe 02 textes non harmonisés.

Cette "diffusion" de la réglementation du travail domestique pourrait s'expliquer, comme démontre Alter Chen (2011), de l'absence de cadre conceptuel, résultant lui-même d'une absence de débat théorique au Cameroun sur le travail domestique, sur la nomenclature des métiers qu'il comporte. De fait, les travailleurs domestiques, en l'absence de cadre juridique de référence, sont souvent surexploités, travaillent plus que d'habitude, sont peu payés, les salaires étant irréguliers. Par ailleurs, le vide juridique concernant la gestion du domaine privé qu'est le ménage[24], fait que le travailleur domestique est souvent soumis au bon vouloir de son employeur, vivant dans le silence et le secret des ménages, des humiliations, violences et abus sexuels[25].

L'absence de protection juridique est surenchérie par l'absence d'un cadre de protection sociale. Très peu d'employés domestiques disposent d'un contrat de travail. Peu d'entre eux disposent, d'une assurance maladie, très peu, d'une assurance retraite. Les congés annuels sont très rares et concerne une faible proportion des travailleurs domestiques. Toutes choses qui traduisent une extrême précarité, vulnérabilisant au plus haut point le travailleur domestique.

La diversité des taches, jointes à la variété des activités et à la durée excessive des heures de travail, souligne le

[24] Pourtant, cadre de travail et donc nécessitant la protection du travailleur domestique.

[25] Cette situation est, entre autres, renforcée, comme le montre Blackett (2011), par le fait que le travail domestique est peu régulé au Cameroun.

fait qu'au Cameroun, le travail domestique est un prétexte de violations multiples de droits du travailleur domestique.

Conclusion

Au Cameroun, le travail domestique est encore un secteur peu réglementé, peu organisé, où peu de personnes font profession. Il est caractérisé par la précarité : précarité au niveau des conditions de travail ; précarité dans l'exercice professionnel se traduisant par des changements constants de poste, de la violence et des violations des droits. De fait, à l'heure actuelle, en l'absence d'une action régulatrice, il y a peu d'espoir de professionnalisation et de promotion de ce travail. Le travail domestique connait une situation préoccupante des droits humains. On y note des violations constate du droit du travail et des droits sociaux. La situation des violences y est préoccupante, d'autant plus que ce secteur est en majorité couvert par les femmes. Le travail domestique présente également une forte vulnérabilité pour les mineurs (surtout les mineurs de sexe féminin). Des actions de promotion du travail domestique, qui s'intègrent dans un corpus juridique et réglementaire pertinent et moderne, s'avèrent impérieuses, si l'on veut viabiliser le secteur. On note une convergence de déterminants multiples qui orientent les représentations, attitudes et pratiques à l'égard des travailleurs domestiques, tout en expliquant les abus et violation des droits dont ils sont l'objet. Ces déterminants vont du passé socioculturel et des rapports sociaux de classes, aux rapports sociaux de sexe et au rôle social de la femme, à la réalité économique, à la réglementation et à la représentation que l'on se fait du travailleur et du travail domestique. La nature des rapports sociaux traditionnels a un impact sur la rigidité des représentations, attitudes et pratiques, contribuant à accentuer la vulnérabilité du travailleur domestique.

Résumé

Au Cameroun, comme dans plusieurs pays d'Afrique subsaharienne, le travail domestique ne jouit pas toujours de beaucoup de prestige. C'est un travail qui, dans ces pays, concerne en majorité les femmes. On y retrouve également un nombre non négligeable d'enfants. Ce qui soulève de nombreux problèmes relatifs à l'exploitation des enfants. Ce travail est une étude princeps dans le domaine du travail domestique au Cameroun. Il explore entre autres domaines, les conditions de travail, les mécanismes de protection juridique et sociale, l'expression des violences. Au préalable de la descente sur le terrain, une importante revue de la littérature a permis d'identifier nombre de problèmes spécifiques au travail domestique. Ces problèmes, qui ont un impact non négligeable sur les conditions de vie, la valorisation sociale et professionnelle, l'exploitation et la violence exercée sur le travailleur domestique, ont permis de formuler des hypothèses fécondes. Ces hypothèses, implicites, ont permis de recenser un certain nombre d'indicateurs relatifs à la situation de la vulnérabilité du travailleur domestique, aux types et nombre d'activités impliquées, à la pénibilité des tâches aux conditions de rémunération, au respect des droits et de la dignité, aux contrats, assurances, droit de retraite. Ces hypothèses qui postulent une violation du droit au travail chez les employés domestiques, ont non seulement et validées par les faits, mais également, ont permis d'observer plus largement la situation du travail domestique au Cameroun.

Mots clés : Travail domestique, vulnérabilité, violence, violation des droits, exploitation, abus.

Abstract

In Cameroon, as in many SSA countries, domestic work do not always enjoy much prestige. This is work that, in these countries, mostly for women. There are also a significant number of children. This raises many problems related to child exploitation. This work is a study princeps in domestic work in Cameroon. It explores among other areas, working conditions, the mechanisms of legal and social protection, the expression of violence. In advance of the field visit, a major literature review identified a number of problems specific to domestic work. These problems, which have a significant impact on living conditions, social and professional enhancement, exploitation and violence against domestic workers, have led to the formulation of fruitful hypotheses. These assumptions, implicit, have identified a number of indicators on the situation of vulnerability of domestic workers, the types and number of activities involved in the arduous tasks, to pay conditions, respect for human rights and dignity, contracts, insurance, pension law. These hypotheses postulate that a violation of right to work in domestic service, and have not only validated by the facts, but also, have observed more broadly the situation of domestic work in Cameroon.

Keywords: *Domestic work, vulnerability, violence, violation, exploitation, abuse.*

Références bibliographiques

Abega, S. C. Abe, C. & Mich, H. (2007). Le trafic des enfants au Cameroun : étude d'une forme d'abus à l'égard des "cadets sociaux". *Le printemps n° 3*, récupéré dans http://sejed.revues.org/index353.html

Ajab, A. (1994), *Le travail des enfants au Cameroun : analyse d'une situation Yaoundé*. OIT-Afrique Centrale.

Alter Chen, M. (2011). Recognizing Domestic Workers, Regulating Domestic Work: Conceptual, Measurement, and Regulatory Challenges. *Canadian Journal of Women and law*, 23, 1, 167-184

Andall, J., (2000), Gender, migration and domestic service. The politics of black women in Ital. Aldershot: Ashgate.

Anderson B. (2000).*Doing the dirty work ? The global politics of domestic labour*. London: Zed Books.

Anwar, O. (1996) Le travail des enfants et le changement des relations familiales. In B. Schlemmer, *L'enfant exploité. Oppression, mise au travail, prolétarisation* (pp. 11-13). Paris: Karthala-Orstom.

Anyanwu, S.O. (1999): The Girl-Child: Problems and Survival in the Nigerian Context. *Scandinavian Journal of Development Alternatives*, 14, 1-2.

Backstrom, K. M. (1996). The International Human Rights of the Child: Do They Protect the Female Child? *George Washington Journal of International Law and Economics*, 30, 2/3.

Bahri, A. et Gendreau, F. (2006). Le travail des enfants dans le contexte africain. *Enfants d'aujourd'hui - Diversité des contextes - Pluralités des parcours* (pp. 497-512) AIDELF : Colloque international de Dakar, Sénégal, 10-13 décembre 2002, 11, 2,

Bhukuth, A. (2004).*Le Travail des Enfants. Une Revue de la Littérature Récente*. Développement : Université de Versailles. Centre d'Économie pour l'Éthique de l'Environnement et de Quentin en Yvelines.

BIT (2005). *Manuel d'analyse des données et de rapports statistiques sur le travail des enfants*. Malte : OIT.

Bisilliat J. (1996).*Femmes du Sud, chefs de famille*. Paris : Karthala.

Blackett, A. (2011). Réguler le travail décent pour les travailleurs domestiques. *Canadian Journal of Women and law*, 23,1, 47-96

Denèfle, S. (1995).*Tant qu'il y aura du linge à laver. De la division sexuelle du travail domestique.* Condé-sur-Noireau, : Arléa-Corlet.

DeRudder, V., Poiret, Ch. & Vourc'h, F.(2000). *L'inégalité raciste. L'universalité républicaine à l'épreuve*. Paris : Presses Universitaire de France.

Djienouassi, S. (2006). *Conditions de vie des ménages et offre du travail des enfants au Cameroun en 2001.* Mémoire d'Ingénieur d'Application de la Statistique, Institut Sous-régional de Statistique et d'Économie Appliquée (ISSEA - Cameroun).

Diallo, Y. (2001). Child labour in Ivory Coast: extent and nature.InF. Combarnous & P. Labazée, Industries and employment in Ivory Coast. Mobilisation of labour and production of social reports, Bordeaux, CED/IRD, Research Series No. 5, pp. 145-164.

Dubet, F. (2006). Injustices : L'expérience des inégalités au travail. Paris : Seuil.

Fougeyrollas D., « Travail domestique », in H. Hirata, F. Laborie, H. Le Doaré, D. Senotier (sous la dir. de), Dictionnaire critique du féminisme, PUF, 2000.

INS (2005).*Rapport principal de l'Enquête sur l'Emploi et le Secteur Informel au Cameroun en 2005* Phase 1. Yaoundé : rapport d'étude.

INS (2010).*Rapport principal de l'Enquête sur l'Emploi et le Secteur Informel au Cameroun en 2007* Phase 2. Yaoundé : rapport d'étude.

INS et UNICEF (2006).*Rapport préliminaire de l'enquête nationale à indicateurs multiples au Cameroun en 2006*. Yaoundé : rapport d'étude.

Kaufmann, J. C. (1994). L'inaccessible égalité ménagère. *Science humaine*, 42, 36.

Kaufmann, J. C. (1993). *Sociologie du couple* (chap. 5 et 6). Paris Presses Universitaires de France.

Kaufmann, J. C. (2000).*Le cœur à l'ouvrage* (1re éd., 1997). Paris: Nathan.

Kaufman, E., Phizacklea, A., Raghuram P. & Sales, R. (2000).*Gender and international migration in Europe. Employment, Welfare and politics*.Londres – New York: Routledge.

Kouwonou, R. (2006).Travail domestique des enfants et fréquentation scolaire au Togo: quelles interactions ? *Enfants d'aujourd'hui - Diversité des contextes - Pluralités des parcours* (pp. 974-987). AIDELF : Colloque international de Dakar, Sénégal 10-13 décembre 2002, 11, 2.

Morice A. (1997). Quand la lutte contre l'emploi illégal cache les progrès de la précarité légale. InD.

Fassin , A. Morice &C. Quiminal (Dir.), *Les lois de l'inhospitalité. Les politiques de l'immigration à l'épreuve des sans-papiers.* Paris : La Découverte.

Murray, U. & Amorim, A. (Eds.) (2004a): A Comparative Analysis: Girl Child Labour in Agriculture, domestic work and sexual exploitation: The cases of Ghana, Ecuador and the Philippines. *Girl child labour studies,* 2, ILO/IPEC, Geneva.

Murray, U. & Amorim, A. (Eds.) (2004 b).Girl Child Labour in Domestic Work, Sexual Exploitation and Agriculture: Rapid assessments on the cases of the Philippines, Ghana and Ecuador. *Girl child labour studies,* 3, ILO/IPEC, Geneva.

OIT (2010). *Travail décent pour les travailleurs domestiques.* Rapport IV (1) pour la Conférence internationale du travail, 99e séance, 2010, paragraphe 78.

Rivera ,A. (2000). Immigrés. InR. Gallissot, M. Kilani & A. Rivera, *L'imbroglio ethnique. En quatorze mots clés.* Payot : Lausanne.

Rollins J. (1990). Entre femmes. Les domestiques et leurs patronnes. *Actes de la recherche en sciences sociales,* 84.

Segalen, M. (1988). *Sociologie de la famille.* Paris: Armand Colin.

Tomei, M. (2011). Decent Work for Domestic Workers: Reflections on Recent Approaches to Tackle Informality. *Canadian Journal of Women and the Law*, 23, 185-211.

UNICEF (2007). *La situation des enfants dans le monde 2007*. New York.

Zarca, B. (1990). La division du travail domestique : poids du passé et tension au sein du couple. *Économie et statistique*, 228.

Migrations, à la fois problème et solution pour l'Europe – quelles mesures prendre en Afrique pour mettre fin aux migrations massives ?

Claude GARRIER
Docteur en Droit – Expert-comptable
c_garrier@yahoo.fr

I. Construction de l'article

Introduction

Les délits commis en Allemagne par des immigrés en décembre 2015 et les crimes perpétrés en août 2016 ont conduit les Allemands et tous les Européens[26], à s'interroger sur le rapport entre l'avantage démographique et le risque d'attentats à attendre de l'immigration massive

[26] Alors que les crimes commis en France et revendiqués par *Daesh* (ce qui ne prouve en rien l'existence d'un lien direct entre les criminels et l'État islamique) sont le fait de nationaux (dits « immigrés de seconde génération) ; ceux dont l'Allemagne a souffert sont dans de très nombreux cas le fait d'immigrés de date récente.

provenant pour une grande part des pays du Moyen-Orient en guerre (immigration politique) et en second lieu d'Afrique (immigration économique), notamment d'Afrique du Nord.

Hypothèse principale

La dénatalité constatée dans la plupart des pays du continent européen (de l'Atlantique à l'Oural, la France exceptée), conduit à considérer l'immigration comme un avantage, en dépit de l'opposition de certains États (Hongrie, États baltes, etc.), en ce qu'elle compense le méfait démographique de la dénatalité et qu'elle apporte une couche nouvelle de consommateurs aux besoins considérables. En ce sens, l'immigration favorise à moyen terme, la relance de la croissance économique et apporte une source additionnelle de financement des caisses de retraite.

Hypothèses secondaires

Un problème se pose qui procède de la contradiction entre les termes de la Déclaration universelle de 1948 et la fermeture qu'opposent aux entrants depuis une vingtaine d'années, la plupart des États à la suite des plus riches.

Les portes sont parfois entrebâillées lorsque le migrant demande asile en raison des attaques contre les droits de l'homme dont il est la victime, ou en démontrant qu'il est en danger de mort dans son pays.

Un autre problème est apparu : la régression démographique de la plupart des pays d'Europe.

Outre le versant humanitaire (héberger des personnes qui à tort ou à raison s'estiment en danger de mort ou risquant des persécutions) n'y a-t-il pas une utilité pour l'Union européenne, la Russie et d'autres pays, à accueillir des immigrants dans l'espoir qu'ils fassent souche ?

L'accueil de ces personnes n'engendre-t-il pas un risque supplémentaire d'agression terroriste ? Leur entrée massive ne risque-t-elle pas d'importer des « valeurs » en contradiction avec celles léguées par l'histoire des pays d'accueil, de vider de leur contenu les « valeurs » qui subsistent ?

Le droit actuel permet-il de déterminer un critère (la religion) permettant aux États de sélectionner les immigrants ?

Méthodologie

Les flux transfrontaliers de population présentent deux aspects : le premier est juridique, le second est économique.

L'étude doit combiner ces deux versants. Celle du versant juridique ne peut procéder que d'une recherche bibliographique. Pour obtenir une vue synthétique du second versant, l'approche bibliographique (presse incluse) est préférée.

II Migration

Migrations européennes intérieures

Le droit de l'Union européenne inclut celui de franchir librement les frontières des pays membres (accord de Schengen), de s'implanter dans un quelconque pays de l'Union et d'y exercer une profession. Il permet même aux titulaires de la nationalité européenne[27], de devenir fonctionnaires dans un État autre que celui dont ils portent la nationalité.

Les élargissements successifs au-delà de douze, firent entrer des peuples aux maigres rémunérations, à la législation sociale peu développée (Irlande, Roumanie, Pologne, République tchèque, Lituanie, etc.). Sont contestées par des populations d'Europe occidentale[28], des immigrants venant de Roumanie (Roms), des « artisans » venant de Pologne et autres « pays d'Europe centrale et orientale » (PECO).

Ces migrations ont permis pendant plus de vingt ans de faire pression sur les salaires versés en France, au Royaume-Uni, en Allemagne, dans le Benelux. Si elles ont eu un effet sur le nombre d'habitants des pays choisis, elles n'ont eu aucune incidence sur le nombre global des habitants de l'Union qui diminue.

---

[27] Traité de Lisbonne (2007), art. 8 *in fine* : « Est citoyen de l'Union toute personne ayant la nationalité d'un État membre. La citoyenneté de l'Union s'ajoute à la citoyenneté nationale et ne la remplace pas. »

[28] Ce fut l'un des motifs du retrait du Royaume-Uni de l'Union européenne.

L'immigration, une nécessité pour l'Europe

La baisse de la natalité dans la plupart des pays d'Europe[29], y compris la Russie, pousse des gouvernements, particulièrement ceux de l'Allemagne et de la Russie à chercher dans l'immigration, une solution pour compenser une natalité insuffisante. La France, probablement en raison de ses habitants originaires d'Afrique ou de pays où les femmes acceptent un nombre de grossesses supérieur à deux, échappe au sort général.

La Russie favorise l'entrée de personnes venant des Républiques qui rompirent avec l'Union soviétique en 1991. La plupart sont des États musulmans dont les habitants risquent d'être sensibles à la propagande de *Daesh* et du *Front Al-Nosra*. État pluri-religieux, la Russie (de l'ordre de 65 % d'Orthodoxes) qui comporte une population musulmane importante (33 à 35 % de musulmans), espère éviter le pire ; son président, Vladimir V. Putin[30] a participé en septembre 2015 à l'inauguration de la plus grande mosquée d'Europe à Moscou.

---

[29] Pour Joseph CHAMIE, ancien directeur du Fonds de la population de l'ONU (FNUAP), le premier « renversement historique » s'est produit en Italie, en 1995 : le nombre des jeunes de moins de 15 ans est devenu inférieur à celui des vieux de plus de 65 ans. En 2000, la Bulgarie, l'Allemagne, la Grèce, le Japon, le Portugal et l'Espagne l'avaient rejointe.

[30] Les Français citent l'ex-président George Bush et prononcent « bouche » sans l'écrire. De même, les noms propres d'autres nationalités doivent rester écrits dans la graphie d'origine, éventuellement en transposant les caractères, dans ce cas, du cyrilique au latin.

Le gouvernement allemand a entrepris l'accueil de 800.000 immigrants en 2015[31] malgré un coût qui devrait avoisiner 0,2 à 0,3 % de son PIB ; ce gouvernement souhaite que cet afflux de population concoure à soutenir la demande intérieure du pays, et indirectement à favoriser la relance de l'économie européenne.

Des réactions arrivèrent assez vite, notamment de Munich, faisant état, en septembre 2015, de l'engorgement des organisations chargées d'accueillir les arrivants, de les instruire en langue allemande, de les aider à trouver du travail et plus généralement à s'insérer dans la population. À l'automne 2015, la Bavière se plaignait de ce que tous ses gymnases avaient été transformés en dortoirs et que, malgré cela, des immigrants dormaient dans les rues de Munich.

Le gouvernement allemand avait tenté de convaincre ses partenaires d'Union européenne, d'accepter un quota d'immigrants ; la plupart refusèrent, particulièrement la Hongrie qui construisit une clôture de barbelés le long de ses frontières sud[32].

---

[31] Le 7 décembre 2015, le ministère de l'Intérieur annonçait l'entrée de 964.574 immigrés en Allemagne depuis le début de l'année.

[32] De même, la Suisse qui a refusé d'entrer dans l'Union européenne a mis en place un important dispositif sur sa frontière avec l'Italie, composé de patrouilles et de drones de surveillance « Drones, garde-frontières : l'efficacité suisse contre les migrants », *Courrier international*, 19 août 2016.

Droit de migrer

La Déclaration universelle des Droits de l'Homme de 1948, signée à Paris, énonce dans son préambule, un ensemble de droits aujourd'hui bafoués dans de nombreux pays, notamment dans les zones de guerre d'Irak et de Syrie :

« Considérant que la méconnaissance et le mépris des droits de l'homme, ont conduit à des actes de barbarie qui révoltent la conscience de l'humanité et que l'avènement d'un monde où les êtres humains seront libres de parler et de croire, libérés de la terreur et de la misère, a été proclamé comme la plus haute aspiration de l'homme. »

Ce texte ajoute :

« Considérant que dans la Charte, les peuples des Nations unies ont proclamé à nouveau leur foi dans les droits fondamentaux de l'homme, dans la dignité et la valeur de la personne humaine, dans l'égalité des droits des hommes et des femmes, et qu'ils se sont déclarés résolus à favoriser le progrès social et à instaurer de meilleures conditions de vie dans une liberté plus grande. »

L'article 2, premier alinéa, dispose :

« Chacun peut se prévaloir de tous les droits et de toutes les libertés proclamés dans la présente Déclaration, sans distinction aucune, notamment de race, de couleur, de sexe, de langue, de religion, d'opinion politique ou de toute autre opinion, d'origine nationale ou sociale, de fortune, de naissance ou de toute autre situation. »

L'article 3 est actuellement de circonstance à la fois pour les peuples victimes d'agressions (Sri Lanka, etc.), d'attentats (Europe, Bangladesh, Inde, Pakistan, etc.) et de ceux du Moyen-Orient broyés par des guerres : « Tout individu a droit à la vie, à la liberté et à la sûreté de sa personne. »

L'article 7 peut être légitimement revendiqué par les chrétiens d'Orient, les membres de sectes musulmanes non sunnites dont la vie, la liberté, sont détruites par la contre-révolution de Bachar el-Assad et les organisations intégristes, *Organisation de l'État* islamique (*Daesh*) et *Front Al-Nosra* : « Tous sont égaux devant la loi et ont droit à une égale protection de la loi. Tous ont droit à une protection égale contre toute discrimination qui violerait la présente Déclaration et contre toute provocation à une telle discrimination. »

Le second alinéa de l'article 13 propose une solution de rechange : « Toute personne a le droit de quitter tout pays, y compris le sien, et de revenir dans son pays. »

Quoique la Déclaration ne le dise pas, dès l'instant où les autorités nationales sont incapables de fournir une telle protection, il semble nécessaire d'admettre, sur le fondement de ce texte, que les victimes de ces discriminations cherchent ailleurs la liberté et la sécurité perdues.

Mettre en œuvre ce droit, implique de pouvoir librement aller dans un autre pays.

Malheureusement pour de nombreux pays, ce texte n'a pas le caractère d'un traité et ne présente donc aucun caractère impératif. Il en est ainsi particulièrement de la

France dont les habitants prétendent que leur pays est celui « des droits de l'homme ».

Droit d'asile

Un droit de migrer particulier est reconnu aux personnes dont la vie est mise en danger par la politique de leur gouvernement. Les entrants doivent demander à bénéficier du « droit d'asile » qui est fondé sur l'article 14 de la Déclaration universelle des Droits de l'Homme de 1948 : « 1) Devant la persécution, toute personne a le droit de chercher asile et de bénéficier de l'asile en d'autres pays. 2) Ce droit ne peut être invoqué dans le cas de poursuites réellement fondées sur un crime de droit commun ou sur des agissements contraires aux buts et aux principes des Nations unies[33]. » Une convention internationale particulière est adoptée à Genève, le 28 juillet 1951 (Convention de 1951 et protocole de New York du 31 janvier 1967 sur les Réfugiés)[34], ratifiée à ce jour par 141 États).

La loi française n° 2015-925 du 29 juillet 2015 transpose la nouvelle directive adoptée le 26 juin 2013, n°

---

[33] Contrairement à d'autres textes dont la Déclaration africaine des droits de l'homme et des peuples, qui renvoient aux lois du pays dont nul n'ignore qu'elles ne sont que des jouets aux mains des gouvernants, la Déclaration de 1948 renvoie aux dispositions de la Charte des Nations unies dont la neutralité est certaine.

[34] François CRÉPEAU, *Droit d'asile – De l'hospitalité aux contrôles migratoires*, Bruxelles : Éditions Bruylant, 1995, « Chapitre II : Le droit de l'asile occulté par le droit des réfugiés », notamment p.70 et s.

2013/32/UE du Parlement européen et du Conseil et les arrêts de la Cour européenne des Droits de l'Homme[35].

Alors que rien n'impose à un État de recevoir un étranger, par « exception à cette règle générale [...], les États ne peuvent ni expulser ni refouler, de quelque manière que ce soit, un réfugié sur les frontières des territoires où sa vie ou sa liberté serait menacée en raison de sa race, de sa religion, de sa nationalité, de son appartenance à un certain groupe social ou de ses opinions politiques (principe du non-refoulement). Cette règle s'applique y compris lorsque le réfugié est entré irrégulièrement dans le pays hôte. Un réfugié qui constitue un danger pour la sécurité du pays ou de la communauté ne peut pas prétendre à cette protection[36]. »

En France, le « code de l'entrée et du séjour des étrangers et du droit d'asile » impose (art. L. 711-2 modifié) que l'entrant démontre[37] avoir subi des actes de persécutions pour des motifs de persécution, au sens de la section A de l'article 1er de la convention de Genève, du

---

[35] Cette Cour n'est pas communautaire, mais relève du Conseil de l'Europe qui compte la Turquie parmi ses membres.

[36] Mme Kate JASTRAM et Mme Marilyn ACHIRON, HCR, « Protection des réfugiés - Guide sur le droit international relatif aux réfugiés », 2001.

[37] Code de l'entrée et du séjour des étrangers et du droit d'asile, art. L. 711-2, alinéa 3 et 4 : « Pour que la qualité de réfugié soit reconnue, il doit exister un lien entre l'un des motifs de persécution et les actes de persécution ou l'absence de protection contre de tels actes. »
« Lorsque l'autorité compétente évalue si un demandeur craint avec raison d'être persécuté, il est indifférent que celui-ci possède effectivement les caractéristiques liées au motif de persécution ou que ces caractéristiques lui soient seulement attribuées par l'auteur des persécutions. »

28 juillet 1951, relative au statut des réfugiés. Ces faits sont appréciés dans les conditions prévues aux paragraphes 1[38] et 2[39] de l'article 9 et au paragraphe 1[40] de

[38] Art. 9, § 1 : Pour être considéré comme un acte de persécution au sens de l'article 1 er , section A, de la convention de Genève, un acte doit :

a) être suffisamment grave du fait de sa nature ou de son caractère répété pour constituer une violation grave des droits fondamentaux de l'homme, en particulier des droits auxquels aucune dérogation n'est possible en vertu de l'article 15, paragraphe 2, de la convention européenne de sauvegarde des droits de l'homme et des libertés fondamentales ; ou

b) être une accumulation de diverses mesures, y compris des violations des droits de l'homme, qui soit suffisamment grave pour affecter un individu d'une manière comparable à ce qui est indiqué au point a). »

[39] Art. 9, § 2 : « Les actes de persécution, au sens du paragraphe 1, peuvent notamment prendre les formes suivantes :

a) violences physiques ou mentales, y compris les violences sexuelles ;

b) les mesures légales, administratives, de police et/ou judiciaires qui sont discriminatoires en soi ou mises en œuvre d'une manière discriminatoire ;

c) les poursuites ou sanctions qui sont disproportionnées ou discriminatoires ;

d) le refus d'un recours juridictionnel se traduisant par une sanction disproportionnée ou discriminatoire ;

e) les poursuites ou sanctions pour refus d'effectuer le service militaire en cas de conflit lorsque le service militaire supposerait de commettre des crimes ou d'accomplir des actes relevant du champ d'application des motifs d'exclusion visés à l'article 12, paragraphe 2 ;

f) les actes dirigés contre des personnes en raison de leur genre ou contre des enfants. »

[40] Art. 10, § 1 : « Lorsqu'ils évaluent les motifs de la persécution, les États membres tiennent compte des éléments suivants :

a) la notion de race recouvre, en particulier, des considérations de couleur, d'ascendance ou d'appartenance à un certain groupe ethnique ;

l'article 10 de la directive 2011/95/ UE du Parlement européen et du Conseil, du 13 décembre 2011.

Aux motifs énoncés par la directive européenne adoptée le 26 juin 2013, le code précité ajoute (art. L. 711-

---

b) la notion de religion recouvre, en particulier, le fait d'avoir des convictions théistes, non théistes ou athées, la participation à des cérémonies de culte privées ou publiques, seul ou en communauté, ou le fait de ne pas y participer, les autres actes religieux ou expressions d'opinions religieuses, et les formes de comportement personnel ou communautaire fondées sur des croyances religieuses ou imposées par ces croyances ;
c) la notion de nationalité ne se limite pas à la citoyenneté ou à l'inexistence de celle-ci, mais recouvre, en particulier, l'appartenance à un groupe soudé par son identité culturelle, ethnique ou linguistique, ses origines géographiques ou politiques communes, ou sa relation avec la population d'un autre État ;
d) un groupe est considéré comme un certain groupe social lorsque, en particulier :
— ses membres partagent une caractéristique innée ou une histoire commune qui ne peut être modifiée, ou encore une caractéristique ou une croyance à ce point essentiel pour l'identité ou la conscience qu'il ne devrait pas être exigé d'une personne qu'elle y renonce, et
— ce groupe a son identité propre dans le pays en question parce qu'il est perçu comme étant différent par la société environnante.
En fonction des conditions qui prévalent dans le pays d'origine, un groupe social spécifique peut être un groupe dont les membres ont pour caractéristique commune une orientation sexuelle. L'orientation sexuelle ne peut pas s'entendre comme comprenant des actes réputés délictueux d'après la législation nationale des États membres. Il convient de prendre dûment en considération les aspects liés au genre, y compris l'identité de genre, aux fins de la reconnaissance de l'appartenance à un certain groupe social ou de l'identification d'une caractéristique d'un tel groupe;
e) la notion d'opinions politiques recouvre, en particulier, les opinions, les idées ou les croyances dans un domaine lié aux acteurs de la persécution potentiels visés à l'article 6, ainsi qu'à leurs politiques et à leurs méthodes, que ces opinions, idées ou croyances se soient ou non traduites par des actes de la part du demandeur.

2, alinéa 2) : « S'agissant des motifs de persécution, les aspects liés au genre et à l'orientation sexuelle sont dûment pris en considération aux fins de la reconnaissance de l'appartenance à un certain groupe social ou de l'identification d'une caractéristique d'un tel groupe. »

L'article L. 712-1 modifié du code précité ajoute : « Sous réserve des dispositions de l'article L. 712-2, le bénéfice de la protection subsidiaire est accordé à toute personne qui ne remplit pas les conditions de reconnaissance de la qualité de réfugié énoncées à l'article L. 711-1 et qui établit qu'elle est exposée dans son pays à l'une des menaces graves suivantes :

a) La peine de mort ou une exécution ;

b) La torture ou des peines ou traitements inhumains ou dégradants ;

c) S'agissant d'un civil, une menace grave, directe et individuelle contre sa vie ou sa personne en raison d'une violence généralisée résultant d'une situation de conflit armé interne ou international. »

Cette dernière disposition semble adaptée au sort des civils qui fuient les zones de guerre d'Irak et de Syrie.

La personne bénéficiaire du droit d'asile en France, peut après un délai de neuf mois, être autorisée à travailler. Elle doit, à cet effet, avoir sollicité et obtenu une autorisation provisoire de travail, sur présentation d'une promesse d'embauche ou d'un contrat de travail. Cette autorisation de travail de courte durée peut être éventuellement renouvelée[41].

Déplacements de populations

À la fin de la Grande Guerre (1914-1918), l'effondrement et le partage de l'Empire ottoman[42] avaient entrainé de vastes déplacements de populations (Arméniens après 1915, échange de Grecs orthodoxes contre des musulmans à la suite de la défaite grecque et du traité de Lausanne de 1923, etc.).

La fin de la Seconde Guerre mondiale a permis à plusieurs États de procéder à l'expulsion massive de populations (Allemands de Prusse orientale et particulièrement de Königsberg), pour s'emparer des terres, des villes ainsi débarrassées de leurs habitants qui ont trouvé refuge par millions dans d'autres pays alors que plus d'un million de personnes avaient été déplacées par les hostilités. La division de l'Allemagne entre une République démocratique (DDR) sous la coupe de l'Union soviétique et d'une Allemagne fédérale (BRD) liée au camp « occidental », a aussi entrainé la fuite de quatorze millions d'Allemands de la partie orientale.

Les guerres qui secouent le Moyen-Orient, la vente de femmes pour des « mariages » forcés ou leur prostitution,

---

[41] « Accès au travail du demandeur d'asile », https://www.service-public.fr/particuliers/vosdroits/F2741

[42] Le dernier califat disparut le 3 mars 1924, à la suite du démantèlement de l'Empire ottoman (traité de Lausanne, 1923) et de la proclamation de la république par Mustapha Kemal, dit Kemal Atatürk (Père des Turcs).

l'assassinat par milliers de personnes en raison de leurs options religieuses ou de leur mode de vie (homosexuels), impose de fuir aux survivants et à ceux qui voient avancer les auteurs de ces désastres, des crimes contre l'humanité.

Des relations politiques anciennes incitent les fuyards à aller vers la France (colonisation d'une partie de l'Afrique de l'Ouest et de l'Afrique centrale de 1890 environ à 1960) et le Royaume uni[43] (présence sur le canal de Suez depuis sa construction au XIXe siècle, et en Iran dès 1908[44], puis en Irak[45] pour la prospection pétrolière ; colonisation de territoires d'Afrique de l'Ouest et d'Afrique centrale). Selon qu'ils viennent par voie de terre, les fugitifs traversent la Turquie[46], la Macédoine, la Grèce, la Hongrie ou, par mer[47],

---

[43] La France et le Royaume uni ont été attributaires en 1922, de la Syrie et du Liban, par la Société des Nations, à titre de « territoires sous mandat ».

[44] L'*Anglo-Persian Oil Company* (APOC) est fondée en 1909 à la suite de la découverte d'un vaste gisement pétrolier à Masjed Soleiman, en *Iran*, le 26 mai *1908*.

[45] Le 23 octobre 1912 est fondée la *Turkish Petroleum Company* chargée de l'exploitation du pétrole irakien. Son capital est réparti entre la *National Bank of Turkey* (à capitaux principalement anglais ; 50 %), la *Deutsche Bank* (25 %) et l'*Anglosaxon Petroleum Company* (25 %) qui appartient à *Royal Dutch Shell*. Les 23,75 % des pétroles d'Irak donnés aux Français par les Britanniques après 1919 proviennent de la part enlevée à la Deutsche Bank.

[46] Le 18 mars 2016, un accord est signé entre la Turquie et l'Union européenne, aux termes duquel les migrants entrés en situation irrégulière en Grèce sont renvoyés vers la Turquie. Mais le 20 mai 2016, la cour d'appel de la commission du droit d'asile de l'île de Lesbos (à 10 km de mer de la Turquie) donne raison à un demandeur d'asile syrien détenu à Lesbos en un arrêt ainsi motivé : *«La Turquie n'offre pas aux réfugiés les droits fondamentaux auxquels ils ont droit, selon les traités internationaux»*. Le demandeur ne peut donc pas être renvoyé en Turquie, car ce pays n'était pas sûr.

la Libye et l'Italie ou la Grèce en arrivant par la Méditerranée centrale, le Maroc puis l'Espagne en entrant par la Méditerranée occidentale. Près de la moitié provient de Syrie.

L'Irak et la Syrie ne sont pas les seuls où des persécutions (au sens des conventions internationales et du code français « de l'entrée et du séjour des étrangers et du droit d'asile ») poussent des communautés à fuir et s'expatrier. On peut citer les membres des religions minoritaires (autres que l'islam sunnite) du Pakistan, les non-bouddhistes du Sri Lanka[48] et du Myanmar[49], les non-hindouistes d'Inde, etc. Dans ces pays, des assassinats, l'incendie et la destruction des lieux de

---

[47] Plus de 1.011.700 immigrants arriveraient par voie maritime, au moyen d'embarcations de fortune surchargées au risque de naufrage. Seuls environ 34.900 viendraient par voie terrestre.

[48] Jean-Michel di FALCO, Timothy RADCLIFFE, Andrea RICCARDI, *Le livre noir de la condition des chrétiens dans le ùonde*, XO â, Paris, 2014.

[49] OpenDoors USA, « Myanmar », « The past year was filled with preparations for the first free and fair elections in 25 years, held on November 8, 2015, which saw a landslide win for the opposition under Aung San Suu Kyi. Most ethnic minority parties did not win seats in the new parliament, so it will likely include less Christians than before. During the campaign and elections, the Burmese army continued its attacks against ethnic minorities in Kachin and Shan State, even though a ceasefire agreement was signed on October 15, 2015. Christians are strongly affected by such attacks and the level of violence is high. Additionally, an organization of Buddhist radical monks (Ma Ba Tha) increased their campaigns against religious minorities and successfully helped introduce four laws for the "Protection of Race and Religion" in August 2015, building insurmountable hurdles for conversions and religiously mixed marriages. » https://www.opendoorsusa.org/christian-persecution/world-watch-list/myanmar/

culte non autorisés et de maisons d'habitation, affichent l'insécurité dans laquelle survivent certains groupes, etc.

La Turquie n'a jamais ratifié la totalité de la convention de Genève sur les réfugiés. Ses gardes-frontières sont accusés de tirer sur ceux qui tentent de passer la frontière : cinq Syriens auraient été tués dans ces circonstances au second trimestre 2016, selon l'ONG *Human Rights Watch.*[50]

Les dix principales origines des demandeurs d'asile en Union européenne

2015 – en milliers

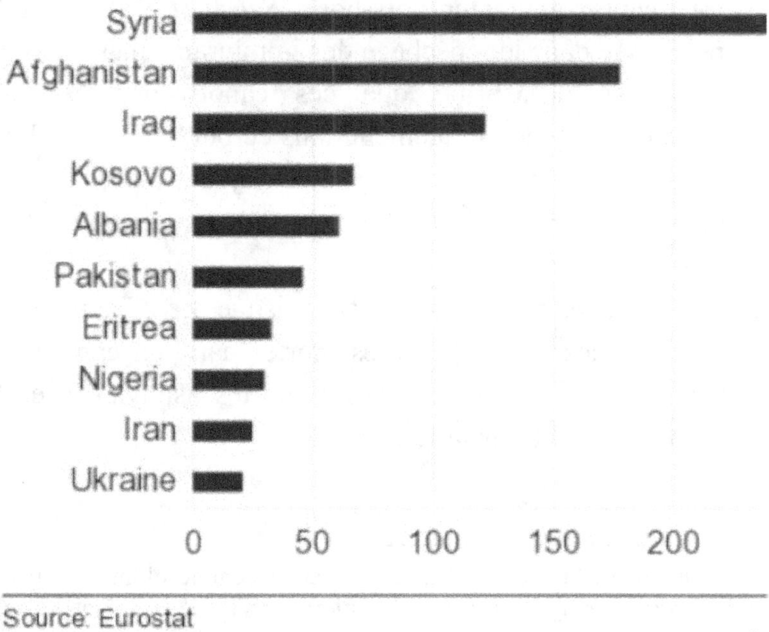

[50] Maria ,Malagardis, « Migrants : « L'accord UE-Turquie fragilisé », *Libération*, 22 mai 2016, http://www.liberation.fr/planete/2016/05/22/migrants-l-accord-ue-turquie-fragilise_1454423

Morts en mer

La voie maritime est la plus utilisée par les immigrants « clandestins », mais c'est aussi la plus dangereuse. Au cours du seul mois d'avril 2015, 1.200 personnes seraient mortes en Méditerranée à la suite du naufrage de leur embarcation. Le nombre réel peut être supérieur, si des naufrages n'ont été repérés ni par la flotte italienne, ni par les ONG qui tentent de sauver les survivants. Les passeurs ne se soucient en rien de la bonne fin du voyage qu'ils font payer très cher. « Les réfugiés sont massés sur une embarcation à moteur hors-bord. *Sea-Watch* [une ONG spécialisée dans le repêchage des immigrants naufragés en Méditerranée] affirme que ces canots pneumatiques arrivent de Chine uniquement dans ce but. "Ils sont d'une qualité déplorable, il n'y a pas pire » ajoute Florian Pithan [membre de *Sea-Watch*].[51] » Pire, certains passeurs font couler l'embarcation.

La voie terrestre n'est pas sans risque. Le 27 août 2015, 71 personnes sont retrouvées mortes dans un camion en Autriche. Les victimes seraient mortes asphyxiées et le chauffeur aurait pris la fuite[52].

---

[51] Christian JAKOB, « Réfugiés. Le privé comme ultime recours », *Die Tageszeitung*, *Courrier international*, n° 1343, 28 juillet-17 août 2016, pp.6-7.

[52] « Plusieurs dizaines de migrants retrouvés morts en Autriche, Merkel appelle à la solidarité »
http://www.lemonde.fr/immigration-et-diversite/article/2015/08/27/de-dizaines-de-migrants-retrouves-morts-dans-un-camion-en-autriche_4738482_1654200.html

Une technique utilisée dans le passé pour faire entrer clandestinement des prostituées ne semble pas utilisée actuellement : enfermées dans un container maritime. On peut craindre le pire.

Accueil des populations qui se déplacent

Alors que ses liens historiques avec le Moyen-Orient sont des plus minces[53], l'Allemagne s'est engagée dans la plus large politique d'accueil de ces migrants forcés auxquels se joignent des migrants spontanés, économiques venant notamment d'Afrique du Nord (Maroc notamment) et subsaharienne (Mali, Côte d'Ivoire, etc.).

Daesh, *Al-Qaeda* et migrations

Selon les informations données le 16 novembre 2015 par le procureur de la République, François Molins, l'un des kamikazes du Stade de France était arrivé en Grèce le 3 octobre 2015, parmi la masse des migrants qui affluent chaque jour en Europe. Il a ensuite pris la route de la France ; un Afghan demandeur d'asile âgé de 17 ans a blessé à l'arme blanche quatre personnes à bord d'un train régional allemand, à Wurtzbourg le 18 juillet 2016 en soirée.

---

[53] Sur une proposition de l'ingénieur allemand Wilhelm von PRESSEL (1821-1902) des ingénieurs allemands ont entrepris de construire avant la Grande Guerre (le chantier a duré jusqu'en 1940), le chemin de fer de Berlin à Bagdad (*Bagdadbahn*), ce qui avait fort inquiété les Britanniques alors engagés dans la recherche de pétrole dans ce qui est devenu l'Irak. L'Allemagne fut alliée à l'Empire ottoman pendant la Grande Guerre (1914-1918).

Les migrants ne sont pas seuls impliqués dans des actions de terrorisme : des nationaux qui écoutent les propagandistes qui diffusent les mots d'ordre de l'État islamique, ou dont la vie leur semble insipide[54], sont fort souvent auteurs de tels actes. C'est ainsi que **la police de Munich a identifié l'auteur principal de l'attentat commis à Munich dans un centre commercial, le 22 juillet 2016, un Iranien de nationalité allemande[55].**

Le nombre des immigrants est tel que leur contrôle individuel par la police des frontières est impossible.

Pour éliminer le risque d'accueillir un terroriste potentiel, le conseil municipal de Charvieu-Chavagneux (Isère, France), commune située à 16 km de Saint-Quentin-Fallavier, où le 26 juin 2015, Yassin Salhi a tenté de faire exploser une usine chimique après avoir froidement décapité son employeur, a décidé de ne recevoir que des chrétiens. Cette décision ne respecte pas la laïcité négative (neutralité à l'égard de toute religion) qui fonde le droit français. En outre, vérifier la réalité du choix religieux d'un candidat est difficile : dans sa fuite, a-t-il songé à emporter son certificat de baptême ? Ce certificat n'a-t-il pas disparu dans les flammes de sa maison ? Le certificat qui est présenté est-il authentique ou a-t-il été contrefait ? En l'absence de toute normalisation internationale de ce document, tout est possible, d'autant plus que les Églises chrétiennes concurrentes sont

---

[54] GRAY Jesse Glenn, *Au combat – Réflexions sur les hommes à la guerre*, Tallandier, Paris, 2012, pp. 69-70 et 270.

[55] Sur les agressions commises en France, lire C. GARRIER, « Liberté et sécurité », *Cahiers de l'IREA* n° 1, 5 mars 2016, pp. 133-188.

nombreuses au Moyen-Orient et en Extrême-Orient, et qu'elles pratiquent des langues rarement connues en France (syriaque, araméen, tamul, birman, etc.).

La position de cette municipalité est simpliste : des milliers de musulmans tombent sous les coups des terroristes que ce soit au Moyen-Orient ou ailleurs dans le monde (Myanmar, Sri-Lanka, Inde, etc.)

« Valeurs » en péril

Que leurs mobiles soient politiques (guerre, persécution) ou économiques, la plupart des immigrants en Europe sont musulmans ; ils sont donc porteurs de « valeurs » très différentes de celles qui ont été récemment imposées en France : ils refusent l'égalité entre hommes et femmes et à plus forte raison, le mariage des homosexuels, la procréation assistée pour les couples homosexuels, etc. Presque nécessairement ils se groupent en fonction de leur origine, de leur religion, même si dans leur pays de départ, ils ne pratiquaient pas : loin de leurs racines ils se raccrochent à tout ce qui leur rappelle leur passé, à tout ce qui les lie à leurs compatriotes ou des personnes aussi proches que possible de celles qui formèrent leur environnement en temps de paix.

Lorsque ces immigrants composeront une proportion importante de la population (10 %, par exemple)[56], le

---

[56] Au Sri Lanka, les chrétiens sont pourchassés alors qu'ils ne composent que 8,08 % de la population, toutes obédiences confondues ; au Pakistan, il en est de même contre des chrétiens qui

risque est considérable qu'ils cherchent à imposer leur vision du monde.

Au contraire de la Russie qui préserve sa tradition et ses valeurs orthodoxes, la France pour avoir trop affirmé que toutes les cultures ont droit égal d'exister, ne dispose plus d'un moule de « socialisation morale »[57].

Mesures à prendre en Afrique pour mettre fin aux migrations massives

Hormis le Nigeria (20e des États classés par PIB par PPA) et l'Afrique du Sud (29e des États classés par PIB par PPA), les États africains sont loin des « émergents » (Chine, Inde, Russie, Brésil).

Si on se réfère aux canons libéraux, la liberté politique favoriserait le dynamisme économique, l'innovation ; la liberté de circulation transfrontalière des capitaux et des marchandises irait dans le même sens.

Au contraire en s'opposant au droit des peuples à disposer d'eux-mêmes, en refusant même que leur pays évolue en une fédération, en freinant au maximum les sorties de capitaux, en frappant de lourds droits de douane les importations, les gouvernements africains bloquent tout développement réel et se satisfont des seules sorties des minéraux bruts tirés du sol de leur pays, l'essentiel de leur PIB.

---

ne représentent que 2,2 % de la population d'un pays à 95 % musulman et à majorité sunnite.

[57] Expression due à l'historien protestant Jean Baubérot.

La croissance apparente de leur économie ne résulte que de l'exportation de leurs produits de base qu'ils soient minéraux (pétrole, coltan, manganèse[58], etc.) ou agricoles (coton en fibres, café et cacao, mangues, etc.).

Les exportations de produits manufacturés sont maigres, malgré le faible niveau des salaires qui y sont versés, et l'identité de leurs langues officielles avec certaines de celles d'Europe et d'Amérique du Nord. L'Afrique n'est pas devenue une « usine du monde » alors que ce lui est nécessaire.

Globalement, la part des États subsahariens dans le commerce mondial (exportations et importations) diminue de 4 % en 1970 à 2 % en 2005.

À titre d'exemple, nous présentons les données de la Côte d'Ivoire[59] (92e au classement mondial des PIB par PPA), le premier pays de l'UEMOA, pour 2013 :

	Importations	**Exportations**
Pétrole et produits miniers	26 %	23 %
Produits agricoles	15 %	49 %
Produits manufacturés	59 %	28 %

[58] Alors que la Côte d'Ivoire dispose d'importants gisements de minerais de fer de Man à la forêt de Monogaga, et que le manganèse soit nécessaire en alliage avec le fer pour produire les aciers de blindage, ce pays a laissé partir la totalité du manganèse dont il disposait à proximité de Grand-Lahou et n'a pas exploité son fer.

[59] Source : Perspective Monde / Université de Sherbrooke.

Près des deux tiers des importations portent sur des produits manufacturés, alors qu'à peine plus d'un quart des exportations concerne de tels produits. Les peaux des montons et des bovins ne sont pas transformées en cuir, le sel de cuisine est importé du Sénégal et de Mauritanie malgré la présence de l'Atlantique devant le pays. Le monopole attribué à la CIE (Compagnie ivoirienne d'électricité) exclut l'exploitation de l'énergie solaire au moyen de panneaux photovoltaïques[60].

La situation du Niger est pire (141e au classement mondial des PIB par PPA) bien qu'il soit exportateur d'uranium, métal indispensable à l'industrie électronucléaire et à la production de bombes.

Le « tribalisme » que les « Français » méprisent alors qu'ils se satisfont de leurs « régionalismes », et qu'ils ignorent l'étendue des pouvoirs des Länder allemands et le soin qu'ils mettent à préserver leur langue locale devrait être pris en compte pour offrir aux populations une structure nationale en relation avec leur histoire. L'État monolithique copié de la France[61] n'est pas la modernité,

[60] Les panneaux photovoltaïques sont, en Côte d'Ivoire, traités en produits de luxe et taxés de 43 % à l'importation (outre les frais du transitaire, la taxe de statistique, etc.). Au contraire, le gouvernement du Sénégal a obtenu de la SONEL qui bénéficie aussi du monopole de la production d'électricité qu'elle autorise les particuliers à garnir leurs toitures de panneaux photovoltaïques.

[61] Cette forme a été imposée par les Montagnards et les Jacobins contre la proposition des Girondins qui souhaitaient que la France soit fédérale. Ce fut l'époque de la « Terreur », de 1793-1974. Ce monolithisme fut renforcé et aggravé par Napoléon 1er Les régions conçues par François Mitterrand étaient assez nombreuses et petites pour qu'aucune velléité de fédéralisme ne risque d'apparaître. Les

alors que l'États-Unis, l'Allemagne, l'Autriche, la Suisse, la Belgique, la Russie sont fédéraux.

Un très bon exemple européen est fourni par l'Allemagne qui, jusqu'en 1870, était fragmentée en royaumes, grands-duchés, etc. Elle s'est dotée en 1949, d'une « loi fondamentale » qui respecte les particularismes locaux, les langues régionales ; l'Allemagne est une somme de « Länder » dont chacun régit la plus grande part des activités de sa population. Berlin ne gère qu'un ensemble de dispositions collectives. Pour affecter un fonctionnaire fédéral dans un « Land » priorité est donnée à qualification égale, au candidat qui en est originaire ; probablement il en parle le dialecte, en connaît les mœurs. Cette structure respecte au mieux le principe énoncé par Jean Rivero[62] : « Le droit n'est que la mise en forme juridique des usages, des mœurs d'un peuple. »

L'état civil est méprisé en Afrique subsaharienne par bien des familles qui n'estiment pas utile de déclarer naissances et décès. Il est banal de croiser une personne qui ne fut jamais scolarisée : elle n'a pas « son jugement », c'est-à-dire celui qu'aurait prononcé un magistrat à l'occasion d'une audience foraine dans son village, tenant lieu d'acte de naissance, s'il lui eut été demandé.

---

pseudos-évolutions récentes, pas même la réduction de leur nombre de vingt-deux à treize, n'ont aucune incidence sur leur rôle.

[62] Jean RIVÉRO, *Droit administratif*, Dalloz, Paris, 1990.

La scolarisation des jeunes filles est loin d'être générale ; les pays d'Afrique se privent ainsi de près de la moitié de leur richesse humaine[63].

En septembre 2014, fut lancée en Côte d'Ivoire, *Qelasy*, une tablette éducative conçue et produite sur place, dans le but de « dématérialiser entièrement tout le cycle d'apprentissage et d'évaluation afin de rendre plus performant le système éducatif », A manqué le « *business angel* », la société de *capital risk* indispensable pour que cette innovation atteigne un large public dans l'environnement globalisé.

Conclusion

Accueillir massivement les personnes qui disent fuir une zone de guerre ou des persécutions est presque aussi dangereux qu'attraper un tigre par la queue, à la fois dans l'optique policière et celle de la défense des « valeurs » qui subsisteraient. Les refuser revient à tenir pour néant la Déclaration de 1948 signée à Paris[64] et les directives européennes fondées sur ce texte.

Un tri soigneux doit donc être opéré entre :

---

[63] Jean BODIN (1530-1596), *Les six livres de la République* (1576) : « *Or il ne faut jamais craindre qu'il y ait trop de sujets, trop de citoyens : vu qu'il n'y a richesse, ni force que d'hommes.* »

[64] Pour la France, cette déclaration n'a aucune valeur de droit. Cependant, les directives de l'Union européenne se fondant sur deux articles de ce texte imposent pour le moins de se conformer à cet extrait.

- terroristes locaux qui interviennent sans avoir eu besoin d'immigrer ;
- ennemi déclaré (*Daesh* principalement, mais aussi *Front Al Nosra*) auquel une guerre devrait être déclarée dans les formes, ce qui permettrait d'instituer des dispositions propres à la durée de cette guerre, au lieu d'« états d'urgence » conçus face à une autre menace, dont la répétition tend à l'absurdité ;
- vrais civils (sans lien ni affect avec une quelconque organisation terroriste ou de combat), parmi lesquels les références religieuses peuvent être examinées par les services de police avec circonspection et sans *a priori*.

Résumé

Après les migrations intra-européennes, arrivent les immigrants du Moyen-Orient et d'Afrique. Peuvent-ils se référer à la Déclaration de 1948 ? Ou demander l'asile ?
Des terroristes ne risquent-ils pas de se mêler à des fuyards pacifiques ? La dénatalité constatée dans la plupart des Pays d'Europe conduit certains États européens à chercher un remède en faisant appel à des immigrants.
La relation entre population nationale et immigrants est donc ambigüe. Certains États dans le monde ne jouent plus les rôles qu'on est en droit d'en attendre. La situation économique d'autres laisse une part importante de leur population sans espoir d'un emploi immédiat, d'une vie acceptable

Abstract

After the intra-European migrations, are coming the immigrants coming from Middle-Est ans Africa. Is it possible they refer to 1948 Declaration? Or to the asylum call?

Is it possible that terrorists mixed themselves with peaceful people escaping from their country?

The reduction of the number of born is visible in the most numerous countries of Europa, drives some of them to find a solution in immigrants calling.

The relation between the national population and the immigrants is thus ambiguous.

The economic situation of others countries out of Europe, leaves an important part of the population unable to find wages, of an agreeable life.

Mots-clés : Migration, migrant, immigration, flux de population, Déclaration de 1948, dénatalité.

Bibliographie

BODIN Jean (1530-1596), *Les six livres de la République* (1576), pdf

CRÉPEAU François, *Droit d'asile – De l'hospitalité aux contrôles migratoires*, Bruxelles : Editions Bruylant, 1995.

DI FALCO Jean-Michel, RADCLIFFE Timothy, RICCARDI Andrea, *Le livre noir de la condition des chrétiens dans le ùonde*, XO â, Paris, 2014.

GRAY Jesse Glenn, *Au combat – Réflexions sur les hommes à la guerre*, Tallandier, Paris, 2012.

JAKOB Christian, « Réfugiés. Le privé comme ultime recours », *Die Tageszeitung*, *Courrier international*, n° 1343, 28 juillet-17 août 2016, pp.6-7.

JASTRAM Kate et ACHIRON Marilyn, HCR, « Protection des réfugiés - Guide sur le droit international relatif aux réfugiés », 2001.

OpenDoors USA, « Myanmar ». Perspective Monde / Université de Sherbrooke.

RIVÉRO Jean, *Droit administratif*, Dalloz, Paris, 1990

Les transformations du principe d'équilibre budgétaire : la problématique

Pierre BELEBENIE
Docteur en droit, Consultant juridique, chargé d'enseignements à l'université de Paris 1 Panthéon Sorbonne

À la différence des principes d'unité, d'universalité, d'annualité, de spécialité et plus récemment de sincérité budgétaire[65], le principe d'équilibre budgétaire n'a jamais constitué une obligation juridique pour l'État central[66], ce dernier étant seulement tenu de limiter son déficit « dans le cadre de l'Union économique et monétaire européenne »[67]. L'on parle d'équilibre budgétaire lorsque l'ensemble des charges du budget d'une collectivité publique est égal à l'ensemble des

---

[65] Voir, en ce sens, les articles 27 et 32 de la loi organique du 1er août 2001.

[66] Gilbert Orsoni, *Finances publiques,* Publisud, 1989, p. 126. Et ce, nonobstant l'existence de textes y faisait déjà référence, à l'instar de l'article 1er de l'Ordonnance du 2 janvier 1959 : « Les lois de finances déterminent la nature, le montant, et l'affectation des ressources et des charges de l'État, compte tenu d'un équilibre économique et financier qu'elles définissent ».

[67] Pierre Mouzet, *Finances locales*, 3e édition, Gualino éditeur, 2006, p. 72.

ressources de ce budget, aussi bien en section de fonctionnement qu'en section d'investissement. Cette règle est d'application stricte pour les collectivités locales, puisque leurs budgets doivent être votés en équilibre réel. Au terme de l'article 1612-4 du Code général des collectivités territoriales, « Le budget de la commune est en équilibre réel lorsque la section de fonctionnement et la section d'investissement sont respectivement votées en équilibre, les recettes et les dépenses ayant été évaluées de façon sincère, et lorsque le prélèvement sur les recettes de la section de fonctionnement au profit de la section d'investissement, ajouté aux recettes propres de cette section, à l'exclusion du produit des emprunts, et éventuellement aux dotations des comptes d'amortissement et de provision, fournit des ressources suffisantes pour couvrir le remboursement en capital des annuités d'emprunt à échoir au cours de l'exercice ». En résumé, il y a équilibre réel lorsqu'il n'y a ni sous-évaluation des dépenses, ni sous-évaluation des recettes, les prévisions devant quant à elles être sincères.

À l'échelle européenne, les quatre principes classiques (unité, universalité, annualité et spécialité budgétaires) sont à respecter lors de l'établissement et de l'exécution du budget, tout comme les principes de vérité budgétaire (*sincérité budgétaire* en France), d'unité de compte et de transparence. Le droit budgétaire de l'Union européenne a complété cet ensemble de principes budgétaires (auxquels ont été apportés des aménagements[68]) par deux[69] autres, plus spécifiques[70] au budget de l'Union. Le principe de bonne gestion financière dont les perspectives d'économie, d'efficience et d'efficacité se trouvent précisées à l'article 27 du règlement financier en est le premier, le second étant le principe d'équilibre budgétaire qui se dégage clairement de l'article 310 du TFUE[71] (le budget doit être équilibré en recettes et en dépenses », et ce à tous les stades de la procédure budgétaire (avant-projet, projet de budget, phase d'adoption, et même lors de l'arrêt définitif au cas d'amendement). Autant souligner que le déficit et l'excédent sont interdits et que « le budget [européen] doit être, sans préjudice des autres recettes, intégralement financé par des ressources propres »[72].

---

[68] Sur ces aménagements voir, notamment, Corinne Delon Desmoulin, *Droit budgétaire de l'Union européenne,* LGDJ, Lextenso éditions, 2011, p. 132-155.

[69] Il existe un troisième principe particulier - le principe d'unité de compte - car propre aux organisations internationales, qui souhaitent avoir une monnaie neutre (par rapport aux monnaies des États membres), non soumise aux fluctuations sur les marchés pour garantir la capacité d'intervention de l'organisation concernée. Notons que cette règle qui a bien été érigée en principe par l'Europe perdrait cette qualité si l'ensemble des États membres intégrait un jour la zone euro. Sur ce point, voir Corinne Delon Desmoulin, *Droit budgétaire de l'Union européenne, op.cit.*, p. 162.

[70] *Idem*, p. 155. Ce sont, selon Corinne Delon Desmoulin, des principes qui ont été inscrits depuis dans le droit de l'Union européenne et qui ne se retrouvent pas nécessairement dans les droits internes des pays membres.

[71] Traité sur le fonctionnement de l'Union européenne.

[72] Voir l'article 311 alinéa 2 du TFUE. Par ailleurs, au titre des ressources de l'Union européenne, l'on peut citer en premier les ressources propres traditionnelles (RPT), se déclinant en droits de douane perçus sur les importations de produits en provenance des pays

L'endettement est proscrit en vertu de l'article 14 du règlement financier et l'équilibre du budget de l'Union est assuré par la ressource RNB[73].

L'on sait que l'Union européenne est constituée de différents États membres qui se sont engagés à respecter les normes européennes qu'ils ont contribué à créer. Leurs administrations doivent constamment s'adapter à cette donne européenne issue de diverses traditions juridiques nationales, et surtout constitutive d'un ordre juridique supranational qui vient se superposer aux différents ordres

---

tiers. En 2012, elles ont représenté près de 16,5 milliards d'euros, soit 12 % des recettes totales. En deuxième vient la recette fondée sur la taxe sur la valeur ajoutée (TVA) qui se calcule en appliquant un taux fixe à l'assiette de la TVA harmonisée de chaque État. Pour 2012, elle a représenté 11 % des recettes totales (environ 14,9 milliards d'euros). La troisième catégorie est la recette tirée du revenu national brut (RNB) par application d'un taux uniforme au RNB de chaque État membre. Elle s'est élevée à 98,2 milliards d'euros en 2012, soit 70 % des recettes totales. Aux trois catégories ci-dessus s'ajoutent des ressources complémentaires, recettes marginales, telles que les cotisations versées par le personnel de l'Union européenne sur ses rémunérations, les contributions des pays tiers à certains programmes européens, les amendes adressées aux entreprises en cas d'infractions à la législation européenne, ou le solde constaté à la clôture de l'exercice *n*, reporté sur celui de l'exercice *n+1*. En 2012, ces ressources complémentaires se sont élevées à environ 10 milliards d'euros, soit 7 % du budget. Voir, sur : http://www.performance-publique.budget.gouv.fr/finances-publiques/financement-union-europeenne/approfondir/fondamentaux/ressources-union-europeenne#.VjBr4KSFP3g

[73] Prélèvement sur le revenu national brut de chaque État membre de l'Union d'un pourcentage fixé annuellement par le budget de l'Union. Cette ressource n'est perçue que si le montant des autres ressources propres ne peut couvrir les dépenses.

juridiques nationaux[74]. Ainsi, le principe d'équilibre budgétaire tire-t-il ses racines dans les ordres juridiques internes, notamment en France où ce principe a connu des transformations dont il convient de se demander si elles sont véritablement orientées vers l'équilibre budgétaire (I). Au niveau européen, ce principe a fini par se fondre dans l'approche maastrichtienne de l'équilibre, une approche qui se décline en une législation que les États membres (dont la France) se doivent d'observer. Mais cette version européenne du principe de l'équilibre budgétaire contribue-t-elle efficacement à assainir les finances publiques françaises (II).

I.- un principe aux transformations tournées vers la recherche de l'équilibre budgétaire ?

Très attachés au respect de l'équilibre budgétaire *stricto sensu* (solde budgétaire ni déficitaire ni excédentaire), les classiques soutiennent que « la multiplication des déficits est susceptible d'aboutir à la banqueroute et à l'inflation »[75], une approche arithmétique qui s'opposera d'abord à une vision plus globale, à savoir celle d'un ordre économique satisfaisant n'excluant pas le déficit (A).

---

[74] Voir Florence Chaltiel, « L'européanisation de l'Administration », *in La réforme de l'État*, Cahiers français, n° 346, la documentation française, 2008, p. 34.

[75] William Gilles, *Les transformations du principe de l'unité budgétaire dans le système financier contemporain*, Dalloz, 2007, p. 252.

L'appropriation progressive par le droit français du principe de l'équilibre budgétaire s'est aussi traduite par une rupture avec l'approche classique de l'équilibre, au profit de l'équilibre économique et financier (B).

A.- D'une vision classique à une vision moderne du principe d'équilibre budgétaire : approche arithmétique versus ordre économique satisfaisant

L'exigence des classiques d'un équilibre arithmétique, c'est-à-dire celle privilégiant l'approche comptable (égalité comptable des ressources et des charges) (1) s'est vue supplantée par une vision plus globale, celle d'un ordre économique satisfaisant (2). Dans ce « décor » et s'agissant de la France, il n'est pas inutile de voir comment elle s'est alignée sur la vision Keynésienne de l'équilibre en s'aidant de la théorie dite de « l'impasse ».

1) L'approche classique de l'équilibre : l'exigence d'une égalité comptable des ressources et des charges

La doctrine a pendant longtemps considéré l'équilibre rigoureux du budget comme la marque d'une saine gestion financière. C'est au regard de la sacro-sainteté de cette règle que l'on soutient à l'époque que, si l'État ne couvre pas ses dépenses par ses recettes (le déficit était alors interdit) il est obligé d'emprunter et, à défaut de pouvoir emprunter, il lui faut imprimer de nouveaux billets en recourant aux avances de l'institut d'émission (la Banque de France), ce qui nécessite un équilibrage rigoureux du budget visant à « amortir » le choc de l'inflation générée par cette impression de billets (la mise en circulation des billets avait pour conséquence de multiplier le nombre des moyens de paiement, sans toutefois augmenter le volume des biens consommables, d'où l'inflation)[76]. À cet égard, Pierre Lalumière souligne que seule une sévère politique de suréquilibre budgétaire pouvant résorber cette masse de disponibilités monétaires[77], il valait mieux procéder immédiatement à un équilibre budgétaire, plutôt que d'y être obligé plus tard sous l'effet de l'inflation[78].

La conception classique du principe de l'équilibre budgétaire voyait en celui-ci « l'égalité mathématique entre le résultat de chaque colonne, celle des ressources et celles des charges »[79], l'idéal étant le budget équilibré, c'est-à-dire celui dont le solde est nul[80].

Alors que l'équilibre budgétaire apparaît comme un principe sacro-saint durant la période classique, il ne sera cependant pas constamment respecté[81] dans la pratique. En ce sens, il y a lieu d'indiquer que si en France tous les budgets avaient été présentés et votés en équilibre entre 1890 et 1914, reste que ces budgets étaient généralement

---

[76] Pierre Lalumière, *Les finances publiques*, Librairie Armand Colin, 1976, p. 223.

[77] *Idem.*

[78] Voir, Loïc Philip, *Finances publiques*, Éditions Cujas, 5e édition revue et corrigée, 1995, p. 32.

[79] Étienne Douat, *Finances publiques, Finances communautaires, nationales, sociales et locales*, Puf, 1999, p. 205.

[80] *Idem.*

[81] Michel Lascombe et Xavier Vandendriessche, Les finances publiques, 4e édition, Dalloz, 2001, p. 57.

exécutés en déficit (parfois important)[82]. L'équilibre pouvait aussi n'être qu'apparent du fait de la mise hors budget des dépenses à caractère extraordinaire (dépenses d'investissement financées par l'emprunt), une pratique qui va considérablement s'amplifier au 19e siècle. Sauf à user de « tours de passe-passe budgétaires » à dessein de respecter l'équilibre, le principe de l'équilibre comptable qu'aucune règle juridique n'impose au demeurant n'est plus un idéal à atteindre, mais une sorte d'illusion dont il faut se défaire.

2) La rupture avec le principe d'équilibre comptable : l'ouverture aux théories du déséquilibre

L'on retiendra avec François Deruel et Jacques Buisson que c'est en se fondant sur les perturbations de la vie économique que certains théoriciens remettent en cause la nécessité de l'équilibre budgétaire, ne serait-ce que dans le cadre d'une année[83]. Ainsi naît l'idée du *circuit de temps de guerre* ; elle procède de la constatation que le financement de la guerre entraîne un déséquilibre certes, mais la guerre va inéluctablement constituer un facteur d'accroissement du pouvoir d'achat (la fabrication des armes notamment), cependant que la consommation diminuera (rareté, rationnement) : l'excès des liquidités

---

[82] *Idem.*

[83] François Deruel et Jacques Buisson, *Finances publiques, Budget et pouvoir financier*, 13e édition, 2001, Dalloz, p. 64.

sans emploi, grâce à l'impôt et/ou l'emprunt permettra alors d'alimenter le Trésor, tout en limitant l'inflation[84].

Au début des années 30, la règle de l'équilibre va être adaptée aux cycles économiques par référence à la *théorie du budget cyclique* . L'idée ici est que l'équilibre ne doit plus être recherché annuellement, mais plutôt sur une période plus longue, qui correspond au cycle de l'économie ; vont alors alterner des budgets en déficit (des périodes de récession) et des budgets en excédent (des périodes d'expansion), ces derniers ayant vocation à résorber les déficits des autres.

S'agissant cette fois du *déficit systématique*, Étienne Douat indique qu'« après la Première Guerre mondiale, le principe [d'équilibre] est très fortement remis en cause par les habitudes prises depuis 1914. De plus, les idées de l'économiste Keynes – qui reproche aux financiers classiques d'avoir limité leurs analyses des conséquences du déficit budgétaire au plan strictement financier et monétaire (sans tenir compte des effets économiques) – vont relativiser l'intérêt de l'équilibre budgétaire. Selon lui, ce qui importe c'est l'équilibre économique et en particulier celui du marché du travail. Dans le système envisagé par Keynes, le déficit budgétaire sert à financer l'économie par une relance de la consommation ; celle-ci a pour résultat de relancer la production, d'où une baisse du chômage. Le déficit budgétaire entraîne des effets pervers. D'une part, il a un effet inflationniste qui aboutit à des dévaluations. De plus, il coûte cher, car il doit être financé.

[84] *Idem.*

Pour financer le déficit budgétaire, on détourne des fonds qui auraient pu être utilisés pour des investissements productifs dans les entreprises privées (effet d'éviction) »[85].

Pour Keynes, Un déficit budgétaire peut très bien être toléré pendant les périodes de dépression, sans que ce déficit n'entraîne ni endettement excessif de l'État, ni inflation généralisée ; au contraire, ce déficit favoriserait une reprise de l'activité économique par le jeu du *multiplicateur d'investissement*[86]. En finançant par le déficit de grands travaux, l'État verse des sommes d'argent aux entrepreneurs en charge de ces travaux, entrepreneurs qui utilisent ces sommes pour acheter des matières premières, pour payer les salaires de leurs ouvriers, pour verser des intérêts aux banques, et même pour accroître leurs propres profits[87]. Aussi, l'augmentation des revenus des catégories sociales en présence entraîne-t-elle un redémarrage de l'activité économique et, *a posteriori*, des rentrées fiscales permettant de compenser dans le temps les dépenses publiques supplémentaires que l'État a initialement consenties. L'équilibre budgétaire va donc subsister et, au lieu d'être statique, il sera plutôt dynamique[88]. Gilbert Orsoni fait d'ailleurs remarquer qu'« il ne faut cependant pas perdre de vue (comme on a peut-être eu tendance à le

---

[85] Étienne Douat, *Finances publiques, Finances communautaires, nationales, sociales et locales*, *op.cit.* p. 206.
[86] Pierre Lalumière, *op.cit.*, p. 224.
[87] *Idem.*
[88] *Ibidem.*

faire à une certaine période) que les théories keynésiennes du déficit systématique ne prônent pas le déficit pour le déficit. Il ne doit y avoir déficit budgétaire que dans l'optique de la recherche du plein-emploi, du rétablissement d'une situation économique compromise. Ce rétablissement effectué, plus rien ne justifie le recours au déficit et l'on peut revenir à l'équilibre »[89]. En sens inverse et selon le même auteur, l'excédent budgétaire interviendra dans une phase d'expansion économique et permettra de juguler les tendances inflationnistes en épongeant les liquidités surabondantes. La rupture avec la conception classique n'en est que plus évidente : « le point de référence n'est plus l'équilibre du budget, considéré comme trop restrictif, mais l'équilibre économique en général. On est passé d'une vision purement comptable, arithmétique (de l'équilibre) à une vision plus globale, celle d'un ordre économique satisfaisant »[90], exprimée notamment par la *théorie du budget cyclique* mentionnée plus haut et qui, comme déjà résumé plus haut, « considère que la recherche de l'équilibre ne doit plus s'effectuer dans le cadre étroit de l'année, mais dans le cadre de cycles économiques, les excédants des périodes prospères permettent de limiter la surchauffe de l'économie, de réduire l'inflation et de constituer des réserves pour les périodes difficiles où le déficit permettra d'aider à la relance économique »[91].

---

[89] Gilbert Orsoni, *Finances publiques*, Publisud, 1989, p. 128.
[90] *Idem*.
[91] *Ibidem*.

3) La théorie française de l'impasse : un risque économique calculé

La théorie de l'impasse apparaît, sous la IVe République, comme une transposition en France de la vision keynésienne de l'équilibre. La notion d'impasse – que l'on nomme déficit sous la Ve République – doit être distinguée de celle de déficit. Le terme découvert renvoie à un solde négatif (jugé admissible) des opérations temporaires (prêts accordés par l'État et qui devront être remboursés), tandis que le déficit renvoie pour sa part à un solde négatif des opérations définitives[92].

Pierre Lalumière précise justement que l'impasse est la différence entre d'un côté, les dépenses du budget général, augmentées des charges de trésorerie entraînées par la gestion des comptes spéciaux du Trésor et, de l'autre, l'ensemble des recettes budgétaires[93]. Au final, l'impasse se compose de l'excédent des dépenses du budget général et du découvert inscrit aux comptes spéciaux du Trésor et, dans la mesure où le déficit était toujours faible, l'impasse comprend essentiellement des dépenses provisoires d'investissement, et son financement est surtout assuré par des ressources provenant des emprunts publics[94]. L'épargne à long terme s'étant révélée insuffisante,

---

[92] Voir sur : ttp://www.lagazettedescommunes.com/telechargements/FIP-4_L_EQUILIBRE_BUDGETAIRE1.pdf

[93] Pierre Lalumière, *Les finances publiques*, *op.cit.*, p. 227.

[94] *Idem*.

l'impasse fut principalement couverte par des emprunts de trésorerie à court terme.

Concernant le déficit budgétaire (celui-ci est pris en charge par le Trésor public), le même auteur précise qu'il s'agit de l'excédent de l'ensemble des dépenses du budget général sur les recettes budgétaires (recettes fiscales, recettes domaniales, produits divers), avant de poursuivre que « d'un point de vue économique, l'impasse apparaissait comme l'évaluation de la masse de disponibilités monétaires que l'épargne privée pouvait fournir au cours de l'année considérée au Trésor public sous forme d'emprunts. Elle était ainsi *une hypothèse technique et comptable* de la fraction de dépenses publiques qui, n'étant pas couverte par les recettes budgétaires définitives, était susceptible d'être financée par un appel à l'épargne liquide et au marché financier sans mettre en péril la stabilité monétaire ; elle était un risque économique calculé (d'où le terme d'"impasse" emprunté au vocabulaire des jeux [le bridge]. Cette notion technique est devenue rapidement une *donnée politique* ».[95] Et pour finir, Pierre Lalumière indique que « la thèse du caractère inflationniste de l'impasse a été largement répandue dans l'opinion publique qui confondait déficit et impasse[96] ; alors que seul le déficit

---

[95] *Ibidem.*

[96] La distinction entre le déficit et l'impasse reposait sur un critère administratif d'après le compte de rattachement - budget général ou comptes spéciaux du Trésor public - des dépenses d'investissements. Il faut dire que le classement des opérations avait été réalisé de façon empirique et s'expliquait beaucoup plus par des raisons historiques et administratives que par des motifs logiques. L'Ordonnance du 2

budgétaire aurait dû être le baromètre d'une bonne ou d'une mauvaise gestion des finances publiques, c'est l'impasse en réalité qui [avait fini par jouer] ce rôle »[97].

Notons que par la suite, la France a fini par s'approprier la notion d'équilibre budgétaire par une consécration juridique progressive qui n'a en rien épousé les contours de la conception classique de l'équilibre.

B.- Une appropriation progressive par le droit français du principe d'équilibre budgétaire : vers une nouvelle définition de la notion d'équilibre

Contrairement au principe comptable qui n'a pas fait l'objet d'une traduction juridique, le principe d'équilibre économique et financier a été juridiquement consacré – quoique dans des textes à valeur juridique différente – dans bon nombre de pays européens, dont la France. Dans ce dernier pays, la consécration juridique du principe de l'équilibre budgétaire a eu pour conséquence une remise en cause de l'équilibre arithmétique, au profit de l'équilibre économique et financier (1), ce dernier ayant été par la suite érigé en principe fondamental par le Conseil constitutionnel (2).

---

janvier 1959 a abandonné ce critère administratif pour faire valoir une distinction juridique, qui sépare les dépenses définitives d'investissements et les dépenses provisoires d'investissements, les premières étant à la charge du budget général, les secondes étant quant à elles gérées par le Trésor public : voir, Pierre Lalumière, *op.cit.*, p. 227.

[97] *Ibidem.*

1) La consécration juridique du principe d'équilibre budgétaire en France : la remise en cause de l'équilibre mathématique et le choix d'un équilibre économique et financier

En France, concernant les finances de l'État – et par opposition aux budgets locaux et aux finances sociales[98] – les textes financiers successifs n'ont pas eu à se pencher sur le principe de l'équilibre budgétaire et, sans doute par réalisme, la doctrine n'a jamais pu véritablement l'établir comme un principe à proprement parler : en deux siècles d'histoire budgétaire, le déficit a été la règle et l'équilibre l'exception[99].

Il faut néanmoins noter que c'est grâce à la « loi des maxima », en 1948, qu'il sera fait référence pour la première fois à la notion d'équilibre : l'idée est alors que la procédure budgétaire doit d'abord arrêter un équilibre donné à un niveau jugé acceptable au plan économique et financier, avant que ne soit envisagé l'examen et le vote des dépenses. « L'idée sous-jacente est, selon Benoît Chevauchez, d'obliger au respect d'une certaine rigueur budgétaire *a priori*, afin de ne pas se laisser entraîner par la

---

[98] Les budgets locaux sont soumis à cette règle, cependant que les finances sociales sont soumises (en vertu des textes de 1996 et de la jurisprudence du Conseil constitutionnel à un principe d'équilibre difficile à respecter certes, mais constamment réaffirmé. Voir, Benoît Chevauchez, « Actualités des grands principes budgétaires », in *Finances publiques*, 2e édition revue et corrigée, Les notices de la documentation française, p.11.
[99] *Idem.*

dynamique – généralement inflationniste – des négociations et débats budgétaires »[100].

« Aboutissement de longues réflexions sur la nouvelle manière de penser le budget sous la IVe République »[101], le décret n° 56-601 du 19 juin1956 portant présentation du budget de l'État établit le lien entre le budget et l'économie en ces termes : « La loi des finances… traduit les objectifs économiques et financiers du Gouvernement ». Dès lors, il s'ensuit que le budget devient un instrument au service de l'État.

Dans le prolongement du décret du 19 juin 1956, l'ordonnance n° 59-2 du 2 janvier 1959 portant loi organique relative aux lois de finances allait définitivement consacrer le principe d'équilibre économique de manière claire, en son article 1er : « Les lois de finances déterminent la nature, le montant et l'affectation des ressources et charges de l'État, compte tenu d'un équilibre économique et financier qu'elles définissent ». Il ne fait donc aucun doute, les lois de finances ont pour finalité première de définir un équilibre aussi bien financier qu'économique[102].

Plus récemment, il a été mentionné à l'article 1 de la loi organique n° 2001-692 du 1er août 2001 relative aux lois de finances que « les lois de finances déterminent, pour un exercice, la nature, le montant et l'affectation des ressources et des charges de l'État, ainsi que l'équilibre budgétaire et financier qui en résulte. Elles tiennent compte

[100] *Ibidem.*
[101] http://www.lagazettedescommunes.com/telechargements/FIP-4_L_EQUILIBRE_BUDGETAIRE1.pdf
[102] *Idem.*

d'un équilibre économique défini, ainsi que des objectifs et des résultats de programme qu'elles déterminent ». L'on dira, avec Raymond Muzellec que le but recherché par les auteurs de la loi de 2001 était « d'amener le Gouvernement et le Parlement à prendre clairement leurs responsabilités en examinant conjointement les répercussions des mesures qu'ils décidaient sur la physionomie d'ensemble d'un exercice dont ils avaient d'abord dessiné les principaux aspects. Ils se réfèrent à un équilibre financier dont la définition peut varier selon les besoins de la population et de la consommation du pays en écartant la notion rigide et trompeuse d'un équilibre mathématique entre dépenses et recettes »[103].

2) La jurisprudence du Conseil constitutionnel : l'érection en principe fondamental de l'équilibre économique et financier

La juridicisation de la notion d'équilibre s'était déjà opérée avec la décision du Conseil constitutionnel n° 79-110 du 24 décembre 1979, décision qui érigea la définition de l'équilibre économique et financier en « principe fondamental ». L'équilibre économique et financier visé à l'article 1 de l'Ordonnance « ne suppose pas que l'on atteigne une égalité comptable du montant des ressources et

[103] Raymond Muzellec, *Finances publiques*, 14e édition, Dalloz, 2006, p. 310.

des charges, mais exige plutôt que l'équilibre éventuel soit compatible avec les intérêts économiques du pays[104].

C'est en se fondant sur l'esprit de l'Ordonnance de 1959 que la jurisprudence a opté pour une conception souple de cet équilibre, en faisant seulement référence aux conditions générales de l'équilibre économique et financier[105]. Partant, tout bouleversement des « grandes lignes » de l'équilibre économique et financier tel que défini par la loi de finances initiale passe nécessairement par l'adoption d'une loi de finances rectificative[106]. À défaut, le Gouvernement se contente de déposer le Rapport sur l'évolution de l'économie nationale et des finances publiques au regard de l'article 38 de l'Ordonnance[107].

II.- une approche maastrichtienne de l'équilibre budgétaire garante d'assainissement des finances publiques ?

Les critères européens de convergence et de discipline budgétaire semblent constituer une arme contre les déficits (A), mais l'insoutenabilité récurrente des finances publiques françaises conduit à se demander si l'on ne s'achemine pas vers une adoption définitive d'un principe de déséquilibre budgétaire (B).

---

[104] Michel Lascombe et Xavier Vandendriessche, *Les finances publiques*, *op.cit.*, p. 58.
[105] *Idem.*
[106] *Ibidem.*
[107] *Ibidem.*

A.- Des critères européens de convergence et de discipline budgétaire : une prétendue arme contre les déficits excessifs

Comme le note Christophe Strassel, « la préparation de la monnaie unique a été l'occasion d'un rapprochement des finances publiques des différents pays de l'Union européenne »[108]. Il faut remonter au Rapport Delors, dont il ressort que, « dans le domaine budgétaire, il faut des règles contraignantes. Elles devraient, premièrement, imposer un plafond effectif aux déficits budgétaires des pays membres de la communauté, bien que, pour la fixation de ces limites, la situation de chaque pays puisse devoir être prise en considération. Deuxièmement, elles excluraient l'accès au crédit direct de la banque centrale et à d'autres formes de financement [...] ».[109] Se fondant sur les propositions de ce Rapport, les rédacteurs du Traité de Maastricht avaient alors prévu que seuls les États membres respectant un certain nombre de *critères*[110] destinés à

[108] Christophe Strassel, « L'Union européenne et les finances publiques nationales », *in Finances publiques*, notice 25, La documentation Française, 2000, p. 162.

[109] Voir § 30 du Rapport Delors (Comité pour l'étude de l'Union économique et monétaire, *Rapport sur l'Union économique et monétaire dans la communauté européenne*, Commission des Communautés européennes, Luxembourg, 17 avril 1989).

[110] Les conditions de passage à la monnaie unique (soit 5 critères de convergence d'ordre budgétaire et monétaire) avaient été fixées à l'article 109J du traité de Maastricht : l'entrée d'un pays dans l'UEM était subordonné à une inflation égale ou inférieure à 1,5 % à la moyenne des trois meilleurs pays en la matière, à un déficit budgétaire et à une dette publique ne dépassant pas 3 % du PIB pour le premier et 60 % du PIB pour la seconde, des taux d'intérêt à long terme

mesurer la convergence de leurs économies pouvaient participer à la troisième[111] phase de l'Union économique et monétaire (UEM), à savoir l'instauration de la monnaie unique (au plus tard le 1er janvier 1999), s'accompagnant de la création d'un système européen de banques centrales.

L'article 104 C du Traité de Maastricht est venu prescrire aux États membres de l'Union européenne une discipline économique et budgétaire : ces États doivent éviter des déficits excessifs, c'est-à-dire supérieurs à 3 % du PIB, et limiter leur dette publique à 60 % du PIB. Cette discipline s'est par la suite trouvée renforcée par un pacte de stabilité et de croissance (PSC) issu du sommet d'Amsterdam de juin 1997, concrétisé par deux règlements (pris en application d'une résolution du Conseil européen d'Amsterdam du 17 juin 1997), l'un concernant le renforcement de la surveillance multilatérale

---

n'excédant pas plus de 2 % de ceux des trois meilleurs pays, une monnaie n'ayant pas été dévaluée pendant deux années et fluctuant dans la marge prévue par le Système monétaire européen (SME), soit 2,25 %.

[111] Comme le souligne Jean-Marc Favret, « L'UEM devait se réaliser en trois étapes. La première avait été engagée le 1er juillet 1990, date d'entrée en vigueur de la directive 88/361 du 24 juin 1988 qui prescrivait la libéralisation totale et inconditionnelle des mouvements des capitaux à l'intérieur de la communauté [...]. C'est au cours de cette première étape qu'avait été renforcée la coordination des politiques économiques et qu'avait été recherchée une plus grande convergence des économies européennes [...]. La deuxième étape de l'UEM a débuté le 1er janvier 1994 et s'est achevée le 31 décembre 1988. Elle a constitué une période de transition au cours de laquelle l'effort de convergence économique a été poursuivi et amplifié », *in Droit et pratique de* l'Union européenne, 3e édition, Gualino éditeur, 2001, p. 164.

des politiques budgétaires maastrichtiennes, ainsi que la surveillance et la coordination des différentes politiques économiques (article 99 du Traité), l'autre ayant vocation à accélérer et apporter des précisions sur la mise en œuvre de la procédure des déficits publics excessifs.

Le pacte de stabilité et de croissance fut réformé en 2005 sous l'influence de certains pays membres de l'Union, surtout l'Allemagne et la France, afin que le pacte de croissance et de stabilité tienne compte des difficultés économiques connues par ces pays (déficits excessifs). Deux volets caractérisent alors cette réforme : le volet préventif et le volet répressif. Concernant le volet préventif, chaque État membre de la zone euro présente annuellement à la Commission européenne un « programme [triennal] de stabilité » qui définit sa politique budgétaire (États de la zone euro), ou des « programmes de convergence » (États en dehors de la zone euro) exposant les données économiques et les mesures économiques qui seront prises pour atteindre l'équilibre budgétaire. Le volet répressif concerne le cas de déficit excessif reconnu comme tel par le Conseil, qui va alors recommander à l'État membre concerné de prendre des mesures visant à corriger son déficit ; le Conseil fixe alors un délai (de six mois maximum) pour « engager une action suivie d'effets », et un second délai réservé à la disparition du déficit excessif, au plus tard l'année suivant celle de la constatation du déficit, sauf circonstances exceptionnelles (une prolongation d'un an reste possible)[112]. Lorsque cette recommandation n'est pas suivie d'effet, le Conseil peut prononcer une mise en demeure et, en dernier ressort, prendre des sanctions « à la majorité qualifiée sur recommandation de la Commission » : il peut s'agir de dépôts non rémunérés auprès de la Communauté (de 0,2 % à 0,5 % du PIB de l'État concerné) pouvant être convertis en amendes s'il n'a pas été mis un terme au déficit dans un délai de deux ans[113]. À la vérité, si le PSC a été instauré en même temps que la monnaie unique pour garantir des finances publiques saines, reste que la manière dont il a été mis en œuvre (avant la crise de 2008) n'a pas empêché que s'observent de sérieux déséquilibres budgétaires dans certains États membres[114]. Est-il besoin de souligner que ce dispositif s'est révélé peu contraignant et que les sanctions encourues relevaient de la simple dissuasion ?

Pour répondre à la crise, l'Union européenne a été amenée à mettre en œuvre deux séries de réponses économico-juridiques : elle a apporté une aide financière aux États en difficulté en leur octroyant des prêts par l'intermédiaire de Fonds spécifiques[115], et elle a pris la décision de renforcer la discipline budgétaire au sein de l'Union et, partant, un approfondissement du contrôle de cette dernière sur les

---

[112] François Adam, Olivier Ferrand et Rémy Rioux, Finances publiques, 2e édition, Presses de sciences po et Dalloz, 2007, p. 432.

[113] *Idem.*

[114] http://europa.eu/rapid/press-release_MEMO-13-318_fr.htm?locale=en.

[115] Il s'agit d'un Mécanisme européen de stabilisation financière, d'un Fonds européen de stabilité financière, et de l'actuel Mécanisme européen de stabilité.

budgets des États membres[116]. Outre des recommandations – sans portée juridique (et par conséquent non contraignantes) – invitant les États de l'Euroland à consacrer une règle d'équilibre des finances publiques (règle d'or) « au plus haut de leurs ordres juridiques »[117], le pacte de stabilité et de croissance a été réformé en premier dans le cadre du *Six-pack* de décembre 2011 et en second dans celui du *Two-pack*, entré en vigueur en mai 2013 et, enfin, du traité sur la stabilité, la coordination et la gouvernance (TSCG)[118] ; ce

---

[116] Arnaud Sée, « Une nouvelle "discipline" budgétaire ? Les sanctions des politiques budgétaires "indisciplinées" dans l'Union européenne », *in* Quelle souveraineté budgétaire pour les États ? Jean-Marc Sorel et Régis Chemain (dir.), Actes du colloque du 5 décembre 2012, Palais Brongniart, Éditions Pedone, 2013, p.144-145.

[117] *Idem.* Il en va ainsi, comme l'indique Arnaud Sée, du Pacte pour l'Euro Plus des 24 et 25 mars 2011, incitant les États membres à se doter de règles budgétaires à même d'améliorer la stabilité des finances publiques. Et comme le rappelle Arnaud Sée, Le Conseil européen reconnaissait aux États une liberté de choix de l'instrument juridique, en leur imposant de veiller « à ce qu'il soit par nature suffisamment contraignant et durable - par exemple, la Constitution ou une législation cadre », une idée qui a été reprise par une Déclaration des chefs d'État de la zone euro (adoptée le 26 octobre 2011), préconisant « à ce que soit adopté dans chaque État membre de la zone euro des règles d'équilibre structurel du budget qui transposent dans la législation nationale le pacte de stabilité et de croissance, de préférence à un niveau constitutionnel ou équivalent [avant] la fin de l'année 2012 ». Voir Arnaud Sée, « Une nouvelle "discipline" budgétaire ? Les sanctions des politiques budgétaires "indisciplinées" dans l'Union européenne », *art.cit.*, p. 145.

[118] Décidé lors du sommet européen de Bruxelles de décembre 2011, le TSCG fut adopté lors du sommet du 30 janvier 2012 à Bruxelles par 25 États membres de l'Union (excepté le Royaume-Uni et la République tchèque) ; le traité est finalement entré en vigueur le 1er janvier 2013, ratifié par 12 États seulement sur les 25 signataires. En France, le TSCG a été ratifié par la loi du 22 octobre 2012, le Conseil

dernier a renforcé le contrôle de la discipline budgétaire, tout en consacrant « juridiquement l'obligation d'édicter, dans les ordres juridiques nationaux, la règle de l'équilibre budgétaire »[119]. La nouvelle discipline budgétaire à laquelle renvoie la « règle d'or » énoncée à l'article 3 du TSCG (principe de l'équilibre ou de l'excédent des budgets des administrations publiques) pose problème : elle n'est pas contraignante[120], pas plus qu'elle n'est sanctionnée[121] au cas de violation. C'est dire que le principe d'équilibre budgétaire tel que fondu dans l'approche maastrichtienne de l'équilibre peine à garantir l'assainissement des finances publiques, comme en atteste le cas de la France, un pays qui, à son tour, peine à se défaire de ses déficits quasi chroniques.

---

constitutionnel l'ayant déclaré conforme à la Constitution : voir l'article précité d'Arnaud Sée, p. 146.

[119] *Idem.*

[120] En ce sens, voir l'article 3 paragraphe1 (b) du Traité qui, en dépit de l'apparente contrainte (déficit structurel autorisé porté de 1 % à 0,5 %), ne fait référence qu'« à un " objectif" qui n'est pas absolu [le TSCG prévoit des dérogations], et qui sera mis en œuvre en droit interne par des dispositions non contraignantes ». Pour d'amples informations, voir notamment l'article d'Arnaud Sée précité, p. 148-149.

[121] Le TSCG confie le contrôle de la règle d'or à des institutions nationales (des institutions indépendantes qui, en France, sont le Conseil constitutionnel et le Haut Conseil des finances publiques). Mais comme le démontre Arnaud Sée dans son article susvisé, « Le Conseil constitutionnel contrôlera les de respect de "la règle d'or"[…], le Haut Conseil surveillera l'exécution de ces prévisions […]. Ceci étant, dans les deux cas, ce contrôle sera limité et ne débouchera sur aucune sanction ». En ce sens et pour plus de précisions, voir les développements D'Arnaud Sée, *art.cit*, p. 151-155.

B.- Une insoutenabilité récurrente des finances publiques françaises : vers l'adoption définitive d'un principe de déséquilibre budgétaire ?

Depuis 1975, les administrations publiques françaises – État, collectivités locales, Sécurité sociale et autres administrations – affichent un déficit chaque année (tant en présentation qu'en exécution). Ce déficit tend à se réduire depuis 2009 comme le montre le tableau ci-dessous, et le ministre des Finances (Michel Sapin) assure, non sans optimisme exacerbé[122], que les objectifs de baisse de déficit fixés pour 2016 resteraient les mêmes[123], et que la France passerait sous les 3 % en 2017 [124]. Dans l'entre-temps, en 2015, le déficit public s'est élevé à 85 milliards d'euros environ, soit 4 % du PIB, mais l'on peut raisonnablement penser que la France dépassera le seuil de 3 % du PIB en termes de déficits publics. Outre l'expérience du passé[125], les propos tenus par le Président

---

[122] La Commission européenne prévoit pour la France un déficit public de 3,3 %, contre 2,7 % selon le Ministère des Finances ; après avoir obtenu un délai de deux ans, la France avait promis qu'elle descendrait sous la barre de 3 % à la fin du mandat de François Hollande. Voir, *Direct Matin*, n° 1773 du 6 novembre 2015, p. 12.

[123] Intervention du ministre des Finances Michel Sapin du 26 novembre 2015 sur la chaîne BFMTV.

[124] *Idem*.

[125] Notons, à titre d'illustration, que le budget de l'État pour 2012 visait à maintenir la trajectoire de réduction des déficits, qui prévoyait un retour à 4,5 % du PIB en 2012, à 3 % en 2013 et 2 % en 2014, réduction du déficit qui s'appuyait sur la maîtrise des dépenses publiques et la réduction des niches fiscales. Disponible sur : http://archives.gouvernement.fr/fillon_version2/gouvernement/un-budget-place-sous-le-signe-de-la-reduction-du-deficit-public.html.

de la République (François Hollande) à la suite attaques terroristes du 13 novembre semblent aller dans ce sens : « Dans ces circonstances[126], je considère que le pacte de sécurité l'emporte sur le pacte de stabilité »[127]. Cela veut probablement dire qu'à défaut de pouvoir opérer une conciliation entre pacte de sécurité et pacte de stabilité budgétaire (grâce notamment et peut-être à l'assistance financière que prévoit le Traité de Lisbonne), la France dépensera pour sa sécurité au mépris des critères de Maastricht. Tout en affirmant qu'il n'y a pas d'obstacle budgétaire à ce que la France assure sa sécurité, le ministre des Finances a eu quant à lui à souligner que le budget de la défense passerait de 31,4 milliards en 2015 à 32 milliards en 2016, soit 600 euros supplémentaires destinés au renforcement de la sécurité[128].

Tableau : Déficit public français de 2009 à 2014 (en milliards d'euros)

Déficit public en milliards d'euros	2009	2010	2011	2012	2013	2014
État	-117,1	-121,8	-91,2	-81,6	-69,8	-74,7
Collectivités locales	-5,9	-1,4	-0,7	-3,5	-8,5	-4,5

[126] Discours du Président de la République devant le congrès à Versailles, le 16 novembre 2015.

[127] Après avoir fait part (voir discours susvisé) de sa décision d'annuler les suppressions d'effectifs prévues par les lois de programmation 2014/2015, le Président de la République avait annoncé qu'il y aurait renforcement des effectifs de la police, de la justice et des douanes, respectivement de 5000, 2500, et 1000 postes.

[128] Intervention précitée du ministre des Finances Michel Sapin sur la chaîne BFMTV.

Sécurité sociale	-15,0	-23,3	-12,9	-12,7	-9,1	-8,6
Autres administrations	-4,6	9,1	-0,2	-2,6	1,0	2,9
Total	-142,6	-137,4	-105,0	-98,2	-86,4	-84,8

Source : Insee[129]

Les conséquences financières du renforcement de la sécurité sont désormais inévitables, mais elles ne sauraient constituer la cause exclusive d'un déficit qui, en tout état de cause, était aisément prévisible, compte tenu du caractère quasi chronique du déficit public français (du fait notamment du choc de la crise et du déficit structurel). Il n'est d'ailleurs pas étonnant qu'un sondage de l'IFOP (l'Institut français d'opinion publique) effectué en 2011 ait révélé que 78 % des Français n'étaient pas opposés à l'idée de *règle d'or constitutionnelle*, cependant que cette majorité n'y voyait pas une règle à même de produire des résultats, car, selon cette tranche de Français, le budget de l'État resterait (quand même) en déficit en dépit de cette règle[130].

---

[129] Disponible sur : http://www.lafinancepourtous.com/Decryptages/Dossiers/Comptes-publics/Le-deficit-public.

[130] https://fr.wikipedia.org/wiki/R%C3%A8gle_d%27or_budg%C3%A9taire#La_France.

Conclusion

Il ressort de la présente étude que deux thèses au moins s'opposent ; la première, qualifiable de *thèse de la prudence financière* (celle-ci est soucieuse de l'équilibre arithmétique) peut être ainsi résumée : « La ménagère qui va au marché ne peut pas dépenser plus qu'elle n'a dans son sac. L'État est dans la même situation : il ne peut dépenser plus qu'il ne reçoit »[131]. Des propos inspirés par les financiers classiques, dont la vision de l'équilibre est désormais battue en brèche. Partant de l'idée que les gestions privées doivent s'équilibrer et qu'il n'en va pas de même pour les gestions et les activités financières de l'État, ce dernier « jouit en effet, dans l'exercice de sa souveraineté d'une faculté de dépenser, et il est de la nature des services publics de fonctionner à perte, ce qui est peu compatible avec un postulat d'équilibre » : on est cette fois en présence de la *thèse du risque financier inconsidéré*, ce d'autant plus qu'aujourd'hui, la plupart des économistes s'accordent à dire que les déficits doivent être nécessairement creusés si l'on veut amortir le choc de la crise[132]. Cette deuxième thèse ne peut qu'interpeller, car, si au niveau national l'État français est dispensé de l'équilibrage de son budget (et l'on peut comprendre aisément que cet équilibre soit recherché en vain

[131] Ces propos de Doumergue tenus en 1934 (il était alors président du Conseil) sont tirés de l'ouvrage de William Gilles, *Les transformations du principe de l'unité budgétaire… op.cit.*, p. 254.
[132] Voir bimensuel Problèmes économiques n° 2992, p. 1.

pendant tant de décennies), il n'en demeure pas moins qu'en tant que pays membre de l'Union européenne sur lequel pèsent des contraintes budgétaires (en principe) assorties de sanctions, la France en soi a toujours éprouvé de sérieuses difficultés à se conformer à une discipline budgétaire européenne, pourtant en tous points opposée à la vision classique de l'équilibre ! Les faits étant têtus, on observe que la thèse du risque financier inconsidéré ci-avant mentionnée a du mal à prospérer comme en atteste l'actuel état économique de la France. Il ne fait aucun doute que le régime financier européen ira en se construisant, voire en s'améliorant. Reste que pour l'heure, la discipline budgétaire, telle que conçue par les instances européennes, semble bien loin d'emporter le vote des budgets nationaux en équilibre.

La matière est complexe ! L'idée de finances publiques équilibrées débouche souvent sur l'objectif d'un budget excédentaire ; pourtant, « un budget équilibré ou excédentaire n'est pas nécessairement signe d'une économie solide. Ainsi, par exemple, le budget de l'État espagnol était excédentaire avant la crise, mais cet excédent n'était pas assis sur une économie équilibrée. [C'est dire que] la crise espagnole met en évidence la fragilité d'un "assainissement budgétaire" fondé sur une approche purement comptable ».[133]

---

133 http://www.cgt.fr/spip.php?page=imprimir_articulo&id_article=38532 .

Certes louables, les multiples transformations du principe d'équilibre budgétaire n'ont mené nulle part : les budgets restent déséquilibrés, cependant que la prise des risques inconsidérés dont la vocation était justement de les « équilibrer » a depuis montré ses limites, signe que les solutions idoines restent à trouver.

De la suspension de l'exercice des droits politiques pour la consolidation des droits de l'homme : respect ou violation de la charte africaine de la démocratie, des élections et de la gouvernance.
- l'expérience du Burkina-Faso est-elle extrapolable en RD Congo ? -

Dr KALINDYE BYANJIRA Dieudonné
Professeur ordinaire à la Faculté de Droit de l'Université de Kinshasa
Directeur du CRIDHAC

Introduction

S'il y a des droits de l'homme intangibles, autrement dit ceux relevant du noyau dur[134] ; il y a d'autres qui peuvent **être suspendus** pour le motif d'ordre public ou toute autre raison jugée valable. C'est dans cet esprit que

[134] Le droit à la vie, interdiction de la torture, des peines et traitements cruels, inhumains et dégradants ; interdiction de l'esclavage et de la servitude, le principe de légalité et de non-rétroactivité de la loi ainsi que l'interdiction des exécutions sommaires et extrajudiciaires.

l'article 4 du pacte international relatif aux droits civils et politiques du 16 décembre 1966 souligne expressément que : « **1.** Dans le cas où un danger public exceptionnel menace l'existence de la nation et est proclamé par un acte officiel, les États partis au présent Pacte peuvent prendre, dans la stricte mesure où la situation l'exige, des mesures dérogeant aux obligations prévues dans le présent Pacte, sous réserve que ces mesures ne soient pas incompatibles avec les autres obligations que leur impose le droit international et qu'elles n'entraînent pas une discrimination fondée uniquement sur la race, la couleur, le sexe, la langue, la religion ou l'origine sociale. **2.** La disposition précédente n'autorise aucune dérogation aux articles 6, 7, 8 (par. 1 et 2), 11, 15, 16 et 18. **3.** Les États partis au présent Pacte qui usent du droit de dérogation doivent, par l'entremise du Secrétaire général de l'Organisation des Nations unies[135], signaler aussitôt aux autres États partis les dispositions auxquelles ils ont dérogé ainsi que les motifs qui ont provoqué cette dérogation. Une nouvelle communication sera faite par la même entremise, à la date à laquelle ils ont mis fin à ces dérogations.

En outre, l'article 25.4. de la Charte africaine de la démocratie[136], des élections de la gouvernance (30

---

[135] La Charte de l'Organisation des Nations Unies a été adoptée à San Francisco (États-Unis d'Amérique) le 26 juin 1945. Elle est en vigueur depuis le 24 octobre 1945. Cette dernière a été retenue « la journée des Nations Unies ».

[136] La Charte africaine de la démocratie, des élections et de la gouvernance de l'Union Africaine est en vigueur depuis le 15 février 2012. Elle consacre l'engagement des États partis à promouvoir la

janvier 2007 adoptée à Addis-Abeba) souligne que « les auteurs de changement anticonstitutionnel de gouvernement ne doivent ni participer aux élections organisées pour la restitution de l'ordre démocratique, ni occuper des postes de responsabilité dans les institutions politiques de leur État ».

C'est ici qu'il convient de confronter les deux dispositions. L'un du Pacte international relatif aux droits civils et politiques et l'autre de la Charte africaine de la démocratie afin de tirer les enseignements sur la lutte des Burkinabés dans la sauvegarde de l'article 37 qui limite les mandats à deux pour le Président du Faso. Ainsi, l'interrogation à laquelle il faudra répondre est la suivante : la République démocratique Congo peut-elle suivre le schéma du Burkina-Faso même si elle n'est pas encore partie à cet instrument africain qui condamne le tripatouillage des Constitutions.

---

démocratie, l'État de droit et les droits de l'homme. Elle reconnait la participation populaire par le biais du suffrage universel comme un droit inaliénable des peuples et condamne la prise du pouvoir par des moyens anticonstitutionnels. Enfin, elle affirme l'engagement des États partis à éliminer toutes les formes de discrimination et promeut les droits des femmes et leur pleine participation aux processus décisionnels et politiques, la protection des minorités et des plus vulnérables, et le respect de la diversité. Elle réaffirme l'importance de la lutte contre l'impunité. Le Burkina-Faso l'a signé le 2 août 2007, ratifié le 26 mai 2010 et déposé l'instrument de ratification le 06 juillet 2007. La République Démocratique du Congo (bien que signataire depuis le 29 juin 2008) n'est pas encore partie à cet instrument régional. À cet effet, on ne peut l'invoquer comme au Burkina-Faso.

I. Contexte des libertés politiques

Les **droits politiques** ou droits civiques de la personne désignent les libertés politiques garanties par le pays dont cette personne a la citoyenneté.

Ces droits sont les suivants :

- droit d'être électeur ;
- droit de vote ;
- droit d'éligibilité ;
- liberté d'opinion et d'expression ;
- liberté de réunion et d'association ;
- droit d'administrer les affaires publiques.

1.1 Droits politiques et Droits humains

Il est difficile d'établir une frontière stricte entre droits politiques et droits humains. La liberté d'opinion est, par exemple, un principe commun aux droits politiques et à la *Déclaration des droits de l'homme et du citoyen* du 26 août 1789, qui prévoit dans son article 10 que "*Nul ne doit être inquiété pour ses opinions, même religieuses, pourvu que leur manifestation ne trouble pas l'ordre public établi par la Loi*". Dans cet esprit, la *Déclaration Universelle des Droits de l'Homme* en son article 19 indique aussi que *« Tout individu a droit à la liberté d'opinion et d'expression, ce qui implique le droit de ne pas être inquiété pour ses opinions et celui de chercher, de recevoir et de répandre, sans considération de frontières, les informations et les idées par quelque moyen d'expression que ce soit ».*

Pour comprendre ce qu'on entend par droits politiques, au sens large, il faut envisager l'ensemble des libertés individuelles nécessaires au fonctionnement d'une démocratie.

Ainsi, on conclura en rappelant que les droits politiques varient selon les pays, et qu'ils demeurent plus développés dans les régimes dits démocratiques.

1.2. Libertés

Par *liberté*, nous entendons la situation d'un homme qui peut agir sans être soumis à la volonté arbitraire d'un autre[137]. Cette définition appelle plusieurs remarques importantes. *Premièrement*, il n'est pas ici question d'un état de fait théorique qui permettrait à un homme de faire tout ce qu'il veut ; nous restons contraints par la réalité qui, par exemple, interdit à nos semblables de voler par leurs propres moyens. Ce que nous appelons liberté, c'est l'absence de coercition exercée par un autre homme ou un groupe d'hommes. *Deuxièmement*, il va de soi que cette définition présuppose l'existence d'un libre-arbitre : sans volonté comme moteur de l'action, la liberté n'a aucun

---

[137] Voir aussi Gérard Cornu, *Vocabulaire juridique*, Presses Universitaires de France, 10e édition mise à jour, Paris, 2014, pp 609-611.

sens. Enfin, et c'est sur ce point qu'il faut insister, la *liberté* est – par définition – individuelle.

La *société libre* est une société dans laquelle les hommes sont libres individuellement. Il s'agit, bien sûr, d'un idéal vers lequel nous souhaitons tendre tout en sachant qu'il ne peut être atteint puisque, comme le rappelle le vieil adage, « la liberté des uns s'arrête là où commence celle des autres ». L'idéal d'une société aussi libre que possible repose donc sur l'existence d'un ensemble de règles et d'institutions qui garantissent qu'aucun homme n'est soumis à la volonté arbitraire d'un autre. C'est tout le sens de l'article 4 de la Déclaration des Droits de l'Homme et du Citoyen de 1789 qui stipule que « l'exercice des droits naturels de chaque homme n'a de bornes que celles qui assurent aux autres membres de la Société, la jouissance de ces mêmes droits ».

On lit souvent, généralement sous la plume de celles et ceux qui expriment par ailleurs leur méfiance ou leur réprobation de la liberté telle que nous l'avons définie, les termes de « peuple libre » ou de « liberté politique ». Selon ces auteurs, un peuple est dit libre lorsqu'il dispose de libertés politiques ; *c'est-à-dire qu'il est en droit, à divers degrés, d'influer sur les décisions publiques et leur mise en œuvre – principalement le choix du gouvernement, l'élaboration des lois et le contrôle de l'administration-. C'est-à-dire qu'un peuple est présumé libre dès lors qu'il vit en démocratie.*

Ce dont il est ici question, c'est d'une liberté collective qui ne peut se comparer à notre définition de la liberté que si et seulement si tous les citoyens votent d'une seule et même voix. De fait, comme le note Hayek, « un peuple libre en ce sens-là n'est pas nécessairement un peuple d'hommes libres » puisque la volonté arbitraire des uns – typiquement la majorité – peut contraindre la liberté des autres – la minorité. Symétriquement, note l'auteur de la *Constitution de la liberté*, « il n'est pas nécessaire non plus que quelqu'un ait part à cette liberté collective pour être libre individuellement »; c'est le cas, typiquement, d'un étranger qui ne dispose pas du droit de vote – et n'a donc pas de « libertés politiques » –, mais vit dans un pays où les lois garantissent ses libertés individuelles.

Dans cette définition de la liberté, le peuple est considéré comme un tout, une entité supérieure et distincte de la réunion de ses membres. Le fait qu'un ou plusieurs membres de la société ne soient pas en accord avec les choix « du peuple » y est, au mieux, ignoré et au pire sévèrement réprimé. L'histoire fournit d'exemples de peuples libres qui ont usé de leurs libertés politiques pour désigner des gouvernements qui, en retour, les ont privés de presque toutes leurs libertés individuelles; comme si des esclaves étaient présumés libres dès lors qu'ils peuvent élire leur maître.

La démocratie, n'en déplaise à celles et ceux qui se paient de ces théories politiques fumeuses qui n'entretiennent avec la réalité qu'un rapport lointain (contrat social et consentement à l'impôt), n'est en rien garante de nos libertés. La démocratie, disait Thomas Jefferson, n'est rien de plus que la loi de la foule, suivant laquelle 51 % des gens peuvent confisquer les droits des 49 % autres ; la « liberté politique », c'est le droit que s'arroge la majorité de priver la minorité de ses libertés ; certains – peu nombreux il est vrai – n'hésitent pas à écrire que le peuple nord-coréen est libre.

Faut-il pour autant rejeter le principe démocratique ? Certainement pas. De Tocqueville[138] à Hayek[139] en passant par Winston Churchill qui l'a si magnifiquement résumé, on sait que la démocratie est « la pire des formes de gouvernement – à l'exception de toutes les autres. » Malgré tous ses défauts, le principe démocratique reste la forme de gouvernement qui présente les meilleures garanties contre l'arbitraire, le pouvoir d'un seul et la disparition des libertés individuelles. Ses faiblesses sont connues, ses défenses ont régulièrement cédé, mais nous n'avons tout simplement pas de meilleure option, elle est, pour suivre Karl Popper, notre seul espoir.

La quête de celles et ceux d'entre nous qui veulent vivre dans une société libre et qui se reconnaissent sous l'appellation commune de *libéraux* ne doit donc pas viser

---

[138] Jean-Claude Lamberti, *Tocqueville et les deux démocraties*, Presses universitaires de France, 1983, p. 229.
[139] F. A. Hayek, *Droit, législation et liberté* [« Law, Législation and Liberty »], Paris, PUF, coll. « Quadrige », 2007 (ISBN 978-2-13-056496-6, présentation en ligne).

à dépasser la démocratie, à trouver une forme alternative de gouvernement, mais, bien au contraire, à découvrir les institutions démocratiques les mieux à même de garantir la liberté. Pour ce faire, nous bâtissons sur les épaules des géants qui nous ont précédés et c'est – fondamentalement – à un effort de synthèse que nous devons nous atteler. En fait, l'avènement de la société libre passe en priorité par la redéfinition d'un contrat social – c'est-à-dire d'une Constitution qui indique clairement les droits des Citoyens ; une Constitution qui, inscrivant dans le marbre les principes supérieurs de la Loi, limite l'étendue de la « chose publique » et, par là même, le domaine de compétence de l'État.

II. Contexte du Burkina-Faso

2.1. Mobilisation des forces vives de la nation

Les forces vives signataires de la Charte de transition appellent au soutien à la nouvelle loi électorale au Burkina-Faso.

En effet, après le vote de la loi portant nouveau code électoral le 7 avril 2015 par le Conseil National de Transition et sa promulgation deux jours après par le Président du Faso, le débat fait rage au pays des hommes intègres. Si, pour les anciens dignitaires, cette loi est exclusive parce que disposant que ceux qui ont soutenu le projet de modification de la constitution du Burkina-Faso ne sont pas éligibles, pour les autres cette loi est légale et légitime parce que répondant aux aspirations du peuple qui s'est insurgé les 30 et 31 octobre 2014.

Pour réaffirmer leur soutien à la transition et à ses outils, les partis politiques regroupés au sein du Cadre de Concertation de Partis Politiques (CCPP), les Forces de Défense et de Sécurité, les Organisations de la Société Civile et les autorités coutumières et religieuses signataires de la Charte de transition animent plusieurs conférences de presse depuis le 17 avril 2015. Conférences de presse au cours desquelles, ils appellent le peuple burkinabè à se mobiliser pour « défendre la patrie ». Ces différentes activités se déroulent dans les principales villes du pays (Ouagadougou et à Bobo Dioulasso).

Les personnalités clés de la mobilisation sont les suivants : le Pasteur Henri Yé représentant les autorités religieuses et coutumières, Me Guy Hervé Kam pour le compte des organisations de la société civile, Ablassé Ouédraogo du parti Le Faso Autrement et Me Bénéwendé Stanislas Sankara de L'UNIR/ PS. En fait, les parties signataires de la Charte de la transition renouvellent leur approbation au code électoral modifié et réaffirment leur attachement à une application ferme des dispositions de la Charte de la transition et des conventions internationales auxquelles elle fait référence notamment la Charte africaine de la démocratie, des élections et de la gouvernance.

Cette nouvelle loi disqualifie des élections présidentielles, législatives et municipales à venir ***« toute personne ayant soutenu un changement anticonstitutionnel qui porte atteinte au principe de l'alternance démocratique notamment au principe de la limitation du nombre de mandats présidentiels ayant conduit à une insurrection ou à toute forme de soulèvement »***. Pour ce panel des personnalités, « cette loi n'exclut aucun parti et ne vise aucun individu dans le processus électoral, mais touche plutôt des comportements ». Elle précise tout simplement les conditions d'éligibilité conformément à l'article 11 de la Constitution qui prévoit que **« tout burkinabè jouit des droits civiques et politiques dans les conditions prévues par la loi ».** C'est donc la Constitution qui donne le droit au législateur de réglementer la jouissance du droit d'éligibilité.

Pour ces personnalités, ceux qui, selon eux, crient à l'exclusion et qui, pour garantir leur impunité, ont décidé de mener des actions de déstabilisation de la transition, les parties signataires sont fermes : « Ils doivent savoir que la magnanimité du peuple a une limite. Si c'est cela leur entendement, alors, assurément ils n'ont pas retenu la leçon ni compris la signification des journées des 30 et 31 octobre 2014, car cette insurrection populaire traduit le rejet implacable de leur vision du monde. » Pour Me Guy

Hervé Kam, ceux qui se disent exclus n'auront à échéance qu'à saisir les juridictions du contentieux des listes. Et il en sera ainsi de toute candidature que quiconque trouverait illégale. Ablassé Ouédraogo a, quant à lui, lancé l'appel à la communauté internationale, d'abord en anglais, ensuite en français : « membres de la communauté internationale, de grâce, respectez le peuple burkinabè, respectez sa révolution, respectez ses lois, aidez le peuple burkinabè à amener le changement auquel il aspire ».

Ces activités ont été jumelées avec **« l'opération mains propres »** pour traquer les personnes soupçonnées de traîner des casseroles. Cette opération avait commencé depuis quelques jours seulement avec l'interpellation de certains dignitaires de l'ancien régime et Me Sankara et ses camarades de regretter qu'elle n'ait pas commencé depuis le début de la transition « alors que les autorités disposaient des rapports de l'ASCE, de la Cour de Comptes et des Corps d'inspection qui identifient clairement de nombreux auteurs de crimes économiques et le montant de leur forfait. » C'est pourquoi ils invitent le gouvernement « à poursuivre ces opérations dans le respect strict des règles et des procédures en vigueur dans notre pays. »

2.2. Adoption de la loi suspendant les droits politiques

Les Députés du Conseil National de la Transition (CNT) avaient adopté la loi portant modification du Code électoral, le 7 avril 2015. Cette loi[140] est diversement appréciée par la population burkinabè. Pendant que certains la trouvent opportune et même très attendue, d'autres par contre la taxent de loi qui fait la promotion de l'exclusion. Certains hommes politiques et des syndicalistes se sont expliqués de cette manière :

2.2.1. Me Bénéwendé Sankara, président de l'UNIR/ PS

« La disposition qui fait gorge chaude est une disposition que l'ancien régime, c'est-à-dire le régime de Blaise Compaoré, a ratifiée ».

« La relecture du Code électoral est une bonne chose. Nous avons déploré les échauffourées inutiles qui dénotent une excitation fébrile. Parce que tout simplement des gens, de mon point de vue, ne s'accommodent pas avec les valeurs de la démocratie. Ce qui justifie qu'on avait raison de faire une insurrection populaire. La Charte de la transition est très claire parce qu'il faut désormais construire un nouvel État démocratique, fondé sur les valeurs intrinsèques de la démocratie.

Comment comprendre qu'un parti comme le CDP qui a géré le pouvoir pendant des décennies avec ses variantes comme la NAFA, appellent ses militants à descendre sur le CNT pour un débat sur le Code électoral, quand on sait

[140] Loi n° 005-2015/CNT portant modification de la loi n° 014-2001/AN du 03 juillet 2001 portant code électoral.

que les mêmes ont modifié à des dizaines de fois la loi électorale ?

C'est vouloir une chose et son contraire. Le CNT a simplement internalisé une disposition supranationale que le Burkina Faso a ratifiée, à savoir la Charte de l'Union africaine et la Charte de la CEDEAO. ***Ce sont ces dispositions qui prévoient d'exclure toute personne qui a eu un comportement crapuleux tendant à remettre en cause le principe de l'alternance démocratique***. Dans un Code électoral, il y a toujours des incompatibilités. Moi-même, j'ai été victime d'une incompatibilité.

Quand j'ai été élu, j'ai dû abandonner mon cabinet. Je ne pense pas qu'on a raison d'appeler à manifester pour cela. Cette relecture est opportune parce que nous sommes tenus par des délais. Autant nous dénonçons les modifications tardives qui sont contraires à la Charte de l'Union africaine, autant il faut le faire à temps pour permettre aux acteurs de se préparer. Je ne suis pas d'accord avec toutes les dispositions du Code électoral, mais dès lors que ça devient une loi, en bon républicain, on assume et on lutte dans la légalité pour obtenir le changement de ce code-là. C'est ce que nous avons fait pendant des années. »

2.2.2. Séni Sana, Coordonnateur national de Novox Afrique

« La relecture du Code électoral était nécessaire ».

« La relecture du Code électoral était nécessaire et capitale. Depuis fort longtemps, nous avons demandé à ce qu'il y ait une relecture du Code électoral. Nous pensons que tous ceux qui ont participé activement à la modification de l'article 37 de la Constitution, tous ceux qui l'ont soutenue doivent être mis à l'écart pour cette élection de 2015. Nous ne disons pas de les mettre à l'écart définitivement, car ce sont des Burkinabè. Ils peuvent, à l'avenir, se représenter. Pourquoi insistaient-ils pour la modification de l'article 37 de la Constitution ? »

2.2.3. Augustin Blaise Hien, Secrétaire général de la Confédération générale des travailleurs du Burkina

« Cette relecture est une volonté du peuple, étant entendu que le CNT est une émanation de l'insurrection populaire des 30 et 31 octobre 2014 ».

« La révision du Code électoral est une question que nous nous gardons de commenter. C'est le CNT qui a voté cette loi, lequel CNT est une émanation de l'insurrection populaire. Nous prenons acte si cela peut apporter la paix au Burkina Faso, afin qu'il soit épargné des dures épreuves que les dignitaires du régime déchu ont fait subir aux travailleurs. Mon souhait est que les élections à venir soient transparentes, des élections qui permettront véritablement au peuple burkinabè de choisir les personnes capables et dignes de conduire le Burkina Faso vers un développement intégré, vers une prise en compte intégrale des préoccupations des travailleurs. Cette relecture est la volonté du peuple, étant entendu que le CNT est une émanation de l'insurrection populaire des 30 et 31 octobre 2014 ».

2.2.4. Guy Olivier Ouédraogo, Secrétaire général de la Confédération syndicale burkinabè

« Je pense qu'il y a effectivement des personnes qui n'ont pas le droit de se présenter aux prochaines élections ».

« Comme la majorité des citoyens burkinabè, nous avons appris ce qui a été arrêté par le Conseil National de la Transition. Pour moi, l'article qui a été indexé pour fonder certaines choses risque de porter polémique. Je ne suis pas juriste, mais cela risque de porter polémique. Je pense qu'il y a effectivement des personnes qui n'ont pas le droit de se présenter aux prochaines élections, mais j'aurais préféré qu'elles soient écartées par la voie judiciaire. Pour moi, l'admission des candidatures indépendantes est une bonne chose. Mais c'est aussi une question de moyens et d'organisation. Pourvu que ça n'ajoute pas à la confusion pour notre jeune démocratie».

2.2.5. Léonce Koné, Président du Directoire du CDP

« Cette relecture est contraire à la Constitution ».

« Je vois la relecture du Code électoral comme un recul de la démocratie, comme une décision qui est contraire à la Constitution, qui est contraire à l'effet d'inclusion. Elle est inopportune. Ce n'est pas cela qui va favoriser le retour à une vraie démocratie qui est par définition la participation de toutes les forces politiques aux élections. Deuxièmement, ce n'est pas favorable à l'esprit de réconciliation qui doit gouverner tout le processus électoral et tout le processus politique au Burkina Faso. Ce n'est pas non plus favorable à la consolidation de la cohésion sociale et de l'unité nationale. Ce n'est pas favorable à la stabilité des institutions du Burkina Faso. Cette relecture est contraire à la Constitution.

La Constitution[141] reconnaît à tous les citoyens burkinabè les mêmes droits, le droit de participer à la gestion des affaires de l'État[142]. J'en appelle à toutes les femmes et à tous les hommes de bonne foi au Burkina Faso, pour aider à ce qu'un meilleur climat dans la gestion des affaires politiques au Burkina Faso soit instauré. Un climat de tolérance mutuelle, un climat de démocratie, un climat qui permet de renforcer le vivre-ensemble au Burkina Faso. Je souhaite que nous puissions mettre un terme à cette atmosphère de haine, de revanche qui semble être la ligne directrice de la Transition».

---

[141] La Constitution souscrit à la Déclaration Universelle des Droits de l'Homme de 1948 (préambule, 9e alinéa).

[142] *(Loi N° 003-2000/AN du 11 avril 2000).* Le Président du Faso est élu pour cinq ans au suffrage universel direct, égal et secret. Il est rééligible une fois.

2.2.6. Washington préoccupé par la modification du code électoral au Burkina Faso

Après les remous soulevés par la modification du code électoral au Burkina Faso, chez les partisans de l'ex-Président, Blaise Compaoré, c'est autour de la communauté internationale de manifester ses inquiétudes.

Dans un communiqué publié le 14 avril 2015, les États-Unis ont exprimé leurs inquiétudes au sujet de la modification apportée au code électoral burkinabè le 7 avril 2015. Le texte modifié prévoit l'exclusion aux prochaines élections, de toutes les personnalités proches de l'ancien Chef d'État, Compaoré, qui avaient soutenu, en fin 2014, le projet de révision de la Constitution pour changer l'article limitant les mandats présidentiels.

« Les modifications apportées au code paraissent incompatibles avec les principes démocratiques de la liberté d'expression, la liberté d'association et des élections libres, équitables et pacifiques », précise le communiqué qui exhorte en même temps les autorités de transition « d'utiliser une approche coordonnée, consensuelle et inclusive dans la conduite des élections ».

Bien avant la réaction américaine, les Ambassadeurs de plusieurs pays occidentaux, accrédités à Ouagadougou, avaient attiré l'attention du Gouvernement burkinabè sur le fait qu'il revient au peuple de choisir son candidat parmi tous ceux qui vont se présenter et qui devraient représenter toutes les souches. Aussi, après les arrestations opérées dans le clan des partisans de Compaoré, il incombe au Gouvernement de respecter la loi dans le traitement des détenus, ont-ils soutenu.

Ces diplomates étaient invités le 13 avril 2015 par le Ministère burkinabè des Affaires étrangères et de la Coopération régionale, pour un échange de vues sur les modifications apportées au code électoral. Les autorités burkinabè ont fait savoir à cette occasion qu'elles ont voulu répondre à la volonté du peuple d'exclure les dirigeants de l'ancien régime qui s'étaient obstinés à modifier la Constitution.

Concernant les arrestations des anciens dirigeants du régime Compaoré, le Chef de la diplomatie burkinabè a rassuré qu'elles n'ont pas un caractère politique, mais relèvent plutôt des procédures judiciaires concernant la gestion de certains anciens responsables.

III. Contexte en République démocratique du Congo

Le pouvoir de Mzee Laurent Désiré Kabila n'a fait que près de 4 ans (soit du 17 mai 1997 au 16 janvier 2001) alors que celui de Joseph Kabila totalisera plus de quinze ans de (21 janvier 2001 au 20 décembre 2016).

3.1 Sous Laurent Désiré Kabila : Révolution-pardon

En effet, dès sa prise des fonctions, le feu Président Laurent Désiré Kabila décrète un congé pour les anciens dirigeants. Certains sont emprisonnés et d'autres sont laissés en liberté. Il y a lieu de constater qu'il y a eu une chasse aux sorcières à l'endroit des personnes qui avaient refusé de coopérer avec le régime « afdelien ». Quelques mois plus tard, Laurent Désiré Kabila décide « une révolution-pardon »... Il commence à rappeler les anciens ténors du Mobutisme avec comme tête de liste, Monsieur Sakombi Inongo, nommé Conseiller en communication et porte-parole du président de la République. Ce dernier s'efforça de convaincre les anciens mobutistes restés au pays et en exil de rejoindre le pouvoir du maquisard, devenu Chef de l'État... C'était sa première erreur et erreur fatale, car ce camp n'a pu su contenir les allures dictatoriales de l'homme de Hewa Bora. La suite, nous la connaissons avec la rébellion du Rassemblement Congolais pour la Démocratie (RCD) et du Mouvement de Libération du Congo (MLC) jusqu'à l'assassinat tragique du Laurent Désiré Kabila par un commando avec la complicité de l'entourage selon la Cour d'Ordre Militaire (de triste mémoire).

3.2 Sous Joseph Kabila : Retour du Mobutisme sans Mobutu

La prise du pouvoir de Joseph Kabila augurait des lendemains meilleurs avec la mise à l'écart des

Mobutistes. Hélas, n'ayant pas la légitimité, il avait accepté à son corps défendant, le dialogue intercongolais à Sun City (Afrique Sud en 2002). C'était le retour des mobutistes dans plusieurs « composantes » dont la composante gouvernementale pour contraindre les stratégies des mobutistes des autres camps. Malheureusement, ces mobutistes se sont retrouvés en force et formaient une ceinture jusqu'à la conquête du Sénat… C'était le retour en force. Monsieur Kengo wa Dondo se fait élire au premier tour contre Shé Okitundu, Kabiliste de la première heure. Aujourd'hui, les statistiques sont éloquentes dans l'entourage du Chef de l'État, à l'Assemblée Nationale, au Sénat, au Gouvernement, dans les Établissements Publics, Services Publics et Entreprises Publiques. Ces mobutistes convertis au Kabilisme et d'autres Congolais pro-régime Kabila réfléchissent déjà sur un éventuel mandat et un probable glissement du calendrier de l'élection présidentiel prévu au deuxième semestre de 2016. D'où la présente réflexion pour barrer la route à ces imposteurs de la démocratie et des droits de l'homme en RD Congo.

IV. Adoption de la loi consacrant la suspension des droits politiques

4.1 Au Burkina-Faso

Le nouveau code électoral a été adopté par le Conseil National de Transition à la majorité des voix le 7 avril

2015. En effet, 75 voix pour, 10 contre et 3 abstentions. Le vote de cette loi exclut du coup certains partisans de l'ancien régime.

C'est dans un climat d'apparente tension que le nouveau code électoral a été voté. Le parti du président déchu, le Congrès pour la Démocratie et le Progrès (CDP) s'est battu bec et ongle pour faire échouer le vote, mais il a été battu par une majorité écrasante. Dès lors, les partisans de l'ancien régime crient au scandale et à l'exclusion : « Le nouveau code électoral est une violation flagrante et grossière de plusieurs dispositions de la Constitution du Burkina Faso », dit Léonce Koné, Président du directoire du CDP. Cela n'est pas sans conséquence. En effet, le CDP suspend sa participation au CNT par le retrait de ses représentants. Par la voix de Léonce Koné, le parti se retire également du processus de réconciliation en cours. Le dernier ministre des Affaires étrangères de Blaise Compaoré, Djibril Bassolé lui martèle qu'il se présentera contre vents et marées.

Des questions évidentes se posent avec acuité à l'analyse de ces positions. Si la modification de l'article 37 était passée, Djibril Bassolé allait-il se présenter en 2015 contre Blaise Compaoré ? Ou est-ce au lendemain de l'insurrection populaire qu'il s'est découvert un destin de Président du Faso ? Même si en politique la question de l'éthique et de la morale se réajuste en fonction des intérêts, est-il décent que ceux par qui, même par leur silence, le "malheur" est arrivé (30 morts) se pavanent allègrement au point d'exiger leurs droits à demeurer les maîtres ?

Concernant la Transition, le citoyen attend de voir comment elle jugulera cette crise ouverte avec les dignitaires de l'ancien régime. Les arrestations même si elles sont à saluer, se font-elles selon les règles de droit ? Est-ce une tactique pour les disculper et les laver juridiquement de tout soupçon ? L'avenir est certainement porteur de réponses. Nous attendons, mais avec une veille de fermeté quant au respect des droits des uns et des autres.

La Cour Constitutionnelle invalide le 10 septembre 2015, les candidatures de deux anciens dignitaires du régime de Blaise Compaoré. Il s'agit de Djibril Bassolé et du Colonel Yakouba Ouedraogou pour se conformer à l'article 35 qui interdit aux personnes qui avaient soutenu la modification de la Constitution de se présenter aux élections législatives et présidentielles.

Enfin, il y a lieu d'indiquer la parenthèse de Gilbert Diendéré pour montrer la fondamentalité de notre contribution. Gilbert Diendéré, né en 1960 ou 1961, est un Général de l'armée du Burkina Faso et ancien Chef d'État-Major particulier de l'ancien président Blaise Compaoré. Le 16 septembre 2015, il effectue une tentative de coup d'État dans le but de renverser le régime de transition en place, dirigé par Michel Kafando. Suite aux manifestations de la population et aux condamnations de la communauté internationale, ce coup d'État se solde par un échec et les autorités de transition sont ré-installées dans leurs fonctions le 23 septembre 2015. Il déclare regretter son acte et se dit être prêt à en assumer les conséquences devant la justice. Bras droit de Blaise Compaoré pendant plus de trente ans, il est, avec ce dernier, suspecté de l'assassinat du capitaine Thomas Sankara, « le père de la révolution burkinabée » lors du coup d'État d'octobre 1987 au Burkina. À la suite de la tentative de coup d'État de 2015 qui tente de renverser le Président Michel Kafando et le Premier ministre, le Lieutenant-Colonel Isaac Zida contre l'avis du peuple, il est nommé président d'un Conseil National de la Démocratie par un Conseil de Transition. Ce coup d'État échoue et le président Kafando est rétabli six jours plus tard dans ses fonctions. Patron historique du Régiment de Sécurité Présidentielle (RSP), Gilbert Diendéré est connu pour avoir des contacts avec les militaires français ; il a, en outre, participé à l'exercice militaire américain Flintlok, dont l'objectif est d'entraîner les armées africaines à la lutte contre le terrorisme transfrontalier. Gilbert Diendéré a été fait Chevalier de la Légion d'honneur française en mai 2008 lors d'un séjour à Paris. Pendant plusieurs décennies, il a joué un rôle-clé lorsque le Burkina s'est impliqué clandestinement dans les guerres civiles du Liberia, de Sierra Leone, puis dans la rébellion en Côte d'Ivoire [5]. Le 6 octobre, il est mis en examen avec l'ancien ministre des Affaires étrangères Djibrill Bassolé pour « attentat à la sûreté de l'État ». Actuellement, il est en détention et a été déchu de sa dignité de Chevalier de la Légion d'honneur française.

4.2 En République Démocratique du Congo

Depuis 2006, la loi électorale a subi deux modifications majeures[143]. D'abord en 2011 pour consacrer l'élection du Président de la République à tour unique (majorité relative) et en 2015. Il est à souligner que la réforme du code électoral en 2015 avait un but inavoué « le glissement du mandat de l'actuel Chef de l'État ». C'est pour cette raison que la population avait rejeté une disposition controversée qui liait les élections présidentielles et législatives à la fin de l'opération du recensement de la population. Cet article avait été élagué par l'Assemblée nationale pour l'apaisement après plusieurs morts dans la ville de Kinshasa, selon les différents rapports des organisations de défense des droits de l'homme de droit congolais et étranger.

En effet, selon nous, la loi n° 15/001 du 12 février 2015 modifiant et complétant la loi n° 06/006 du 09 mars 2006 portant organisation des élections présidentielles, législatives, provinciales, urbaines, municipales et locales telle que modifiée par la loi n° 11/003 du 25 juin 2011 devra encore être modifiée en ces termes : ***« tout Congolais qui soutient un changement anticonstitutionnel, qui porte atteinte au principe de l'alternance démocratique notamment au***

[143] Cette modification est consécutive à la révision de la Constitution par la loi n° 11/002 du 20 janvier 2011 portant révision de certains articles de la Constitution de la République Démocratique du Congo du 18 février 2006 (Textes coordonnés).

principe de la limitation du nombre et la durée de mandat présidentiel ainsi qu'à la réduction des droits et libertés de la personne est frappée d'inéligibilité pendant 25 ans ».

Cette sécurité juridique renforcera et consolidera le respect de l'article 220 de la Constitution qui stipule que *« la forme républicaine de l'État, le principe du suffrage universel, la forme représentative du Gouvernement, le nombre et la durée des mandats du Président de la République, l'indépendance du pouvoir judiciaire, le pluralisme politique et syndical, ne peuvent faire l'objet d'aucune révision constitutionnelle. Est formellement interdite toute révision constitutionnelle ayant pour objet ou pour effet de réduire les droits et libertés de la personne, ou de réduire les prérogatives des provinces et des entités décentralisées ».* Dans l'hypothèse où cette disposition une fois retenue, pourrait être attaquée devant la Cour Constitutionnelle par certaines personnes qui estimeraient être lésées comme au Burkina-Faso, la Cour Constitutionnelle devra se ranger du côté du droit constitutionnel congolais. C'est ici qu'il faut regretter le blocage de l'adhésion de la RDC à la Charte africaine de la démocratie, des élections et de la bonne gouvernance par l'Assemblée nationale de la RDC.

V. Apport de la Cour constitutionnelle dans la défense des libertés fondamentales

Le Professeur Essambo Kangashe souligne que « toute personne peut saisir la Cour Constitutionnelle pour inconstitutionnalité de tout acte législatif et réglementaire… Le Ministère public près la Cour Constitutionnelle peut saisir d'office cette juridiction pour obtenir l'inconstitutionnalité d'une loi, d'un édit ou de tout acte réglementaire qui porte atteinte aux droits fondamentaux de la personne humaine et aux libertés publiques[144]. Ces propos sont en intelligence avec les articles 48 et 43 de la loi portant organisation et fonctionnement de la Cour Constitutionnelle.

« Article 48 : Toute personne peut saisir la Cour pour inconstitutionnalité de tout acte visé à l'article 43 de la présente Loi organique à l'exception des traités et accords internationaux ».

« Article 43 : La Cour connaît de la constitutionnalité des traités et accords internationaux, des Lois, des actes ayant force de Loi, des édits, des Règlements Intérieurs des Chambres parlementaires, du Congrès et des Institutions d'Appui à la Démocratie ainsi que des actes règlementaires des autorités administratives ».

---

[144] Jean-Louis Esambo Kangashe, *La Constitution congolaise du 18 février 2006 à l'épreuve du constitutionnalisme (contraintes pratiques et perspectives)*, Bibliothèque de droit africain, Bruylant-Academia, Louvain-la-Neuve, 2010, pp.298-299.

Sans faire une fiction juridique, la Cour soutiendra la modification et les mauvais citoyens (qui font le plaidoyer du changement de la Constitution) seront dans l'impossibilité de reconquérir le pouvoir et de le conserver illégalement. Cette solution serait très radicale, mais aurait son importance et sa valeur en démocratie pour la conquête des droits humains.

Position du Gouvernement de Burkina-Faso

Le Conseil constitutionnel, suite à un recours introduit par un citoyen, a invalidé les candidatures d'anciens ministres et Députés du régime de Blaise Compaoré. Dans ce communiqué, le gouvernement appelle à respecter cette décision du Conseil et estime qu'elle est conforme à l'Arrêt rendu par la Cour de Justice de la CEDEAO.

Le Conseil constitutionnel a publié sa décision n° 2015-021/CC/EL du 25 août 2015 sur le recours de Monsieur DABIRE aux fins de déclarer inéligibles des candidats aux élections législatives du 11 octobre 2015.

Cette décision a entrainé des réactions de certains partis politiques dont les déclarations tendant à remettre en cause le jugement du Conseil Constitutionnel ne sont pas de nature à favoriser la paix, la cohésion sociale et le processus démocratique en cours dans notre pays.

Le gouvernement rappelle que le Conseil Constitutionnel est l'instance suprême de la justice en matière électorale. Ses décisions ne sont susceptibles d'aucun recours et s'imposent à tous.

Par conséquent, il appelle l'ensemble des acteurs à se conformer à cette décision de justice qui respecte à tout point de vue les textes fondateurs de notre démocratie.

Cette décision qui constitue une application de nos textes électoraux est également conforme à l'Arrêt de la Cour de justice de la CEDEAO rendu le 13 juillet 2015. Dans cet arrêt, faut-il le rappeler, la Cour a reconnu que : « il ne s'agit donc pas de nier que les autorités actuelles du Burkina aient, en principe, le droit de restreindre l'accès au suffrage, mais c'est le caractère ambigu des critères de l'exclusion, et l'application expéditive et massive qui en est faite, que la Cour juge contraire aux textes ».

Elle a en outre rappelé que « la sanction du changement anticonstitutionnel de gouvernement vise des régimes, des États, éventuellement leurs dirigeants, mais ne saurait concerner les droits des citoyens ordinaires » et que « les formations politiques et les citoyens burkinabé qui ne peuvent se présenter aux élections du fait de la modification de la loi électorale (loi n° 005-2015/CNT portant modification de la loi n° 014-2001/AN du 03 juillet 2001) doivent être rétablis dans leur droit ».

Dans cette perspective, le Conseil constitutionnel, dans sa décision du 25 août 2015, s'est prononcé sur l'inéligibilité de certains candidats sur la base de critères précis, tout en reconnaissant le droit d'accès au suffrage des partis politiques concernés. Ces partis gardent en effet la possibilité de désigner d'autres candidats en remplacement des anciens dirigeants frappés d'inéligibilité, et cela, en conformité avec les dispositions du code électoral. Aucun parti n'est donc exclu du processus électoral.

Le gouvernement invite l'ensemble des acteurs à la retenue et au respect des décisions du Conseil Constitutionnel, dans l'objectif de préserver la paix et la concorde nationale, et ce, conformément au Pacte de bonne conduite signé par les acteurs politiques, les médias et les organisations de la société civile le 21 août dernier.

Position du Pr. Séni Mahamoudou Ouédraogo, Agrégé des Facultés de droit Directeur général de l'ENAM (École nationale d'administration et de magistrature)

Je voudrais me permettre une analyse de la portée juridique de la décision de la Cour de justice de la CEDEAO relative à l'affaire CDP (Congrès pour la Démocratie et le Progrès) et six autres contre Burkina Faso. Pour ma part, la décision doit être prise comme une directive d'interprétation, sinon d'appréciation de la validité des candidatures CDP et autres, aux prochaines élections. Le gouvernement doit tirer les conséquences juridiques de la décision. L'article 135 de loi est caduc. Il devra être abrogé par le CNT.

Cependant, la Cour CEDEAO n'a pas invalidé l'article 25.4 de la charte africaine de la démocratie, des élections et de la gouvernance (CADEG) qui prescrit que « Les auteurs de changement anticonstitutionnel de gouvernement ne doivent ni participer aux élections organisées pour la restitution de l'ordre démocratique, ni occuper des postes de responsabilité dans les institutions politiques de leur État ». En effet, la CADEG fait partie du bloc de la légalité de notre pays (ratifiée en 2010 et constitutionnalisée par le préambule de la charte de la transition). Donc, l'alinéa précité de l'article 25 de la CADEG est un critère d'appréciation de la candidature des futurs candidats toute tendance confondue, sans distinction aucune des candidats.

Le Conseil constitutionnel sera saisi pour invalider certaines candidatures. Les contestataires devront apporter les preuves en vertu de la règle processuelle suivant laquelle, celui qui accuse apporte la preuve. Le Conseil constitutionnel saisi aura comme norme de référence la Charte de la Transition, y compris la CADEG qui en fait partie intégrante. Pour déterminer l'applicabilité de l'article précité, il mettra dans son bloc de légalité la décision de la Cour de justice CEDEAO. Alors, il invalidera la candidature de tous ceux qui tombent sous le considérant de la Cour de justice de la CEDEAO qui dit que " la Cour rappelle simplement que la sanction du changement anticonstitutionnel de gouvernement vise des régimes, des États, éventuellement leurs dirigeants. C'est au conseil constitutionnel de donner le contenu du mot "dirigeant", concept qui renvoie à ceux qui dirigent, c'est à dire aux membres de l'exécutif et du législatif. Bien entendu, il s'agit de ceux qui ont fauté.

Si le Conseil constitutionnel ne veut pas suivre la décision de la Cour de justice CEDEAO, elle peut demander l'avis interprétatif de la Cour africaine de justice et des droits de l'Homme à travers une question préjudicielle (même le conseil constitutionnel français, très méfiant à l'égard de la Cour de justice de l'Union européenne, a été obligé de demander l'avis de cette dernière dans l'affaire du mandat d'arrêt européen CC, déc. n° 2013-314 QPC, 4 avril 2013).

Si le gouvernement veut couper court maintenant, il lui appartient de demander l'avis de la Cour africaine conformément à l'article 68 de son Règlement intérieur intérimaire. Celui-ci dit que « Conformément à l'Article 4 du Protocole, des demandes d'avis consultatifs peuvent être adressées à la Cour par un État membre, par l'Union africaine, par tout organe de l'Union africaine ou par une organisation africaine reconnue par l'Union africaine. Ces demandes doivent porter sur des questions juridiques et indiquer avec précision les points spécifiques sur lesquels l'avis de la Cour est requis.

Toute demande d'avis consultatif précisera les dispositions de la Charte ou de tout autre instrument international relatif aux droits de l'homme à propos desquelles l'avis est demandé, les circonstances à l'origine de la demande, ainsi que les noms et adresses des représentants des entités ayant introduit la demande ».

Alors, la Cour de l'UA pourra donner son premier avis sur l'article 25 de la charte, car il n'en existe pas actuellement. C'est cette interprétation qui servirait au Conseil constitutionnel de directive d'appréciation des candidatures contestées.

Pour terminer, si le gouvernement ne veut pas se compliquer la tâche et prendre un risque inutile encore, il laisse cette option. Il appartiendra alors au Conseil constitutionnel de donner le contenu au mot « dirigeants » que la Cour de justice de la CEDEAO a laissé indéterminé. Finalement, la Cour nous a rendu le meilleur service contrairement à ce que l'on croyait. Le Conseil constitutionnel burkinabè pourra exclure simplement les membres tripatouilleurs et les ministres du gouvernement du régime déchu pour éviter « une application brutale et indiscriminée des mesures coercitives que l'on pourrait à cet égard concevoir » parce que la Cour de justice de la CEDEAO réaffirme « son refus de s'instituer juge de la légalité interne des États ».

Position d'AMADOU Adamou Bachirou, un Nigérien résidant en France où il enseigne le droit à l'université de Toulon. Il travaille également sur la Cour de justice de la CEDEAO et les juridictions constitutionnelles des États membres. Dans cette

analyse qu'il a fait parvenir à Burkina24, il dissèque l'arrêt de la Cour de justice de la CEDEAO

Au « pays des hommes intègres », il est permis de dénier aux candidats incrédules l'éligibilité à la direction politique des affaires du pays, mais pas n'importe comment : ainsi en a décidé le juge bien aimé de la CEDEAO
(ECW/CCJ/JUG/16/15 CDP et autres c/ État du Burkina, 13 juillet 2015).

À l'occasion de cette affaire atypique, pour certains inédit, soulevant d'importants enjeux juridiques et politiques, devant le prétoire du juge[145] d'Abuja, la Cour de justice de la CEDEAO, dans sa composition habituelle, s'est prononcée sur la procédure d'inéligibilité adoptée par le nouveau code électoral Burkinabé, issue de la loi n° 005-2015 du 7 avril 2015 modifiant la loi de 2001 portant Code électoral. Ceci fait suite à l'actualité politique au Burkina Faso depuis les évènements des 30 et 31 octobre 2014 à la suite desquels le Président de la République en place avait été désavoué par le peuple et contraint à la démission. Par cet arrêt, la Cour de Justice de la CEDEAO, contrairement à la Cour européenne des droits de l'homme dans l'arrêt Paksas C. Lituanie du 6 janvier 2011 qui laissait une large marge d'appréciation aux États,

[145] Nicolas Hervieu, « tu pourras destituer (à peu près) comme tu veux ton président de la République, mais sans le rendre inéligible à vie au…Parlement » (Cour EDH, G.C. 6 janvier 2011, Paksas c. Lituanie).

s'est placée en maître du jeu, comme l'arbitre naturel du contentieux des droits de l'homme dans l'espace communautaire. L'ensemble des griefs soulevés par les requérants a été jugé recevable et a abouti après examen par la Cour, des mémoires des parties, à la condamnation de l'État du Burkina pour violation du droit à la libre participation aux élections des requérants.

En l'espèce, à la suite de violentes manifestations qui ont eu lieu au Burkina Faso les 30 et 31 octobre 2014, qui se sont soldées par quelques morts et la destruction de biens publics et privés, le Président de la République jusque-là en place, dont le projet de modification de la Constitution était ainsi désavoué par les manifestants, a démissionné de ses fonctions. Des tentatives de coup d'État ont immédiatement suivi la vacance du pouvoir, avant qu'une transition politique, appuyée par la communauté internationale en général et la CEDEAO en particulier, se mette en place, pour pacifier le pays et conduire celui-ci à des élections démocratiques et transparentes.

Le Forum national, qui a réuni les forces vives de la nation burkinabé a, dans cette perspective, adopté le 13 novembre 2014, une Charte de la Transition politique, et mit en place un Conseil National de la Transition (CNT). Ce Conseil, doté de pouvoirs législatifs, a alors engagé un certain nombre de réformes, dont celle de la loi électorale. C'est dans ce cadre qu'il a adopté, le 7 avril 2015, la loi n° 005-2015 portant modification de la loi n°014-2001/AN du 03 juillet 2001 portant code électoral. Au titre des personnes frappées d'inéligibilité, c'est-à-dire inaptes à se présenter aux élections, le nouvel article 135 ajoutait, en sus des :

- Individus privés par décision judiciaire de leurs droits d'éligibilité en application des lois en vigueur ;
- Personnes pourvues d'un conseil judiciaire ;
- Individus condamnés pour fraude électorale.

Une nouvelle catégorie formée par « toutes les personnes ayant soutenu un changement anticonstitutionnel qui porte atteinte au principe de l'alternance démocratique, notamment au principe de la limitation du nombre de mandats présidentiels ayant conduit à une insurrection ou à toute autre forme de soulèvement ».

L'adoption d'une telle modification de la loi a eu pour conséquence, semble-t-il, d'exclure de la compétition électorale les partisans du pouvoir déchu, les dispositions précitées ayant été interprétées comme les visant. C'est dans ces conditions que des formations politiques et un certain nombre de citoyens du Burkina Faso ont saisi la Cour de justice de la CEDEAO, à l'effet de voir celle-ci constater la violation de leurs droits par les nouvelles autorités, et, en conséquence, d'ordonner l'abrogation de la disposition litigieuse.

Cette nouvelle disposition a été sans doute motivée par les dispositions pertinentes de la Charte africaine de la démocratie, des élections et de la gouvernance. Le chapitre VIII de cette charte, relatif aux sanctions en cas de changement anticonstitutionnel de gouvernement, dispose à son article 25 alinéa 4 : *« Les auteurs de changement anticonstitutionnel de gouvernement ne doivent ni participer aux élections organisées pour la restitution de l'ordre démocratique, ni occuper des postes de responsabilité dans les institutions politiques de leur État. »* L'objectif étant de promouvoir une culture démocratique au sein des États membres, même si l'effectivité d'application peine encore à être intégrée dans les ordres juridiques nationaux des États membres. Ce texte, présente l'avantage d'être pédagogique et à l'avant-garde d'une véritable culture démocratique, il n'en demeure pas moins qu'il se confronte à la pléthore de textes juridiques existant au sein de l'union, eu égard notamment, à la concurrence des différents organes d'intégration économique en Afrique. Dans l'espace CEDEAO, il se heurte aux différents textes communautaires existants, notamment au protocole sur la démocratie et la bonne gouvernance, adopté en 2001 à Dakar.

Au-delà de son retentissement dans l'espace politique Burkinabé et continental, cette affaire a intéressé beaucoup d'observateurs internationaux, étant entendu que la procédure d'inéligibilité existe dans la plupart des Constitutions des États membres de la CEDEAO, mêmes si les conséquences et les procédures sont variables. Il faut le souligner, malgré son caractère fortement politique, beaucoup d'auteurs s'accordent sur le fait que la Cour de justice a manqué l'occasion de poser un précédent important, lui permettant d'assagir un personnel politique le plus souvent frondeur[146] et faire ainsi la promotion de la démocratie dans la Communauté. Tout de même, il entend affirmer sa volonté de ne faire aucune concession sur le respect des droits de l'homme, même au profit d'une promotion démocratique **(I).** Et ce n'est pas par une démonstration étroite que la Cour de justice profite de l'occasion, pour reprendre les propos de certains auteurs[147], contribuer à vulgariser et à réhabiliter les dispositions du protocole, désormais considéré comme le texte de référence du constitutionnalisme régional ouest-africain **(II).**

I. L'impératif du respect des droits de l'homme dans la promotion de la démocratie : une exigence réaffirmée par la Cour de justice

En déclarant recevables les différentes prétentions des requérants, la Cour de justice réaffirme son attachement au respect des doits de l'homme et déclare sa compétence pour l'examen de tout contentieux relatif aux droits de

---

[146] Gérard. Conac, « le juge constitutionnel en Afrique, censeur ou pédagogue » in *Les Cours suprêmes en Afrique,* Economica, 1986, p.VII

[147] Ismaila Madior FALL et Alioune SALL, UCAD, « Une constitution régionale pour l'espace CEDEAO : le protocole sur la démocratie et la bonne gouvernance de la CEDEAO ».

l'homme. La Cour procède au préalable, à un contrôle de conventionalité à priori **(A)** avant de préciser les conditions dans lesquelles l'inéligibilité peut être opérante **(B).**

A. Le contrôle de conventionalité *à priori* exercé par la Cour, un revirement jurisprudentiel.

Selon la jurisprudence constante de la Cour, celle-ci s'est toujours déclarée juge du contentieux des droits de l'homme dans l'espace CEDEAO. Ainsi, pour écarter l'incompétence alléguée par le défendeur, en l'occurrence l'État burkinabé, la Cour a rappelé utilement sa jurisprudence constante. En effet, la Cour reconnaît qu'elle est limitée par les textes juridiques la consacrant, notamment le protocole de 2005 relatif à la Cour de justice de la CEDEAO qui donne compétence à la Cour pour statuer sur les cas de violations des droits de l'homme portés devant elle. À la lecture des dispositions pertinentes du protocole susvisé, il ressort que la Cour n'est tenue de statuer que sur les violations effectives des droits de l'homme. Elle a d'ailleurs rappelé sa jurisprudence antérieure notamment l'arrêt *« Hadidjatou Mani Koraou c/ État du Niger où elle affirmait que sa compétence n'est pas d'examiner des cas de violation in abstracto, mais des cas concrets de violations de droits de l'homme (...). Ainsi donc, en principe, la violation d'un droit de l'homme se constate a posteriori, par la preuve que cette violation a déjà eu lieu »*. Or, en l'espèce, aucune violation n'a été constatée à la date de la saisine de la Cour, il n'existe aucun préjudice réel, car aucune candidature n'a encore été écartée sur la base du nouveau code électoral burkinabé.

Mais, à travers un développement jurisprudentiel bien connu[148], la Cour a toujours estimé que, même si, en principe elle n'était pas tenue de sanctionner des éventuelles ou possibles violations des droits de l'homme, c'est-à-dire des violations non encore effectives, avérées, il entre dans son devoir de prévenir aussi d'une violation lorsque la survenance de celle-ci est imminente. En l'espèce, la Cour a estimé que même si la violation prétendue n'a pas encore été accomplie, elle pourrait l'être très prochainement au regard des conditions fixées par les autorités du Faso pour l'ouverture du processus électoral, prévu pour s'ouvrir soixante-dix (70) jours avant la date du scrutin, soit, pour des élections prévues le 11 octobre 2015, à la date du 1er aout 2015. On comprend donc, la nécessité pour les parties, de recourir à la procédure d'urgence qui place le juge communautaire comme juge des référés communautaires. Seule, l'urgence peut justifier le choix de cette procédure qui permet au juge de prendre des mesures conservatoires en matière des droits de l'homme pour faire cesser une violation en cours ou dont la survenance est imminente.

Dans le cas soumis à son appréciation, la Cour a estimé que *« dans la configuration présente, si elle devait*

[148] Arrêt Hissène Habré C. Etat du Sénégal, 18 novembre 2010.

attendre que des dossiers de candidature soient éventuellement rejetés pour agir, si elle devait attendre l'épuisement des effets d'une transgression pour dire le droit, sa juridiction dans un contexte d'urgence n'aurait aucun sens, les victimes présumées de telles violations se retrouvant alors inexorablement lésées dans la compétition électorale. » La Cour réaffirme ainsi la constance de sa jurisprudence en la matière, car dans l'arrêt Hadizatou Mani c. État du Niger, elle a utilement indiqué les hypothèses dans lesquelles elle peut valablement connaitre d'un contentieux *a priori* des droits de l'homme ; comme par exemple lorsque dans des circonstances particulières, *« le risque d'une violation future confère à un requérant la qualité de victime »* ou en présence *« des indices raisonnables et convaincants de probabilité de réalisation d'actions »* susceptibles de violer les droits de la personne.

C'est par cette procédure de référé que la Cour de justice a voulu préciser les conditions qui doivent entourer une procédure d'inéligibilité sans préjudicie des droits de l'homme.

B. L'inéligibilité d'un candidat même « réfractaire à la légalité constitutionnelle », une procédure sous condition ?

Invoquant plusieurs instruments juridiques internationaux de protection des droits de l'homme dont respectivement l'article 2 alinéa 1er et l'article 21 alinéas 1 et 2 de la Déclaration Universelle des Droits de l'Homme de 1948, l'article 26 du pacte international relatif aux droits civils et politiques de 1966, les articles 2 et 13 alinéas 1 et 2 de la Charte africaine des droits de l'homme et des peuples, les articles 3.7, 3.11, 4.2, 8.1 et 10.3 de la Charte africaine de la démocratie, des élections et de la gouvernance et l'article 1er i) du Protocole sur la démocratie et la bonne gouvernance adopté en 2001 par la CEDEAO, les requérants se plaignaient du fait que la loi électorale viole leur droit à participer librement aux élections.

Dans sa décision, la Cour de justice apporte des précieuses informations sur l'inéligibilité d'un candidat, fût-il réfractaire à la légalité constitutionnelle. Ainsi, par une formule lapidaire, la Cour s'emploie à démontrer les manquements de la nouvelle loi électorale burkinabé aux textes internationaux susvisés. En effet, même si la Cour reconnaît la liberté des États dans leur choix de modèle de régime politique, elle rappelle que ce choix doit en permanence se faire en conformité avec les textes juridiques internationaux auxquels l'État en cause pourrait être lié[149]. Or, le Burkina Faso, comme l'ensemble des États membres de la CEDEAO sont liés par le protocole sur la démocratie et la bonne gouvernance de la CEDEAO

[149] Dans le § 31 de sa décision, la Cour de justice a rappelé que si donc le principe de l'autonomie constitutionnelle et politique des États implique sans conteste que ceux-ci aient la latitude de déterminer le régime et les institutions politiques de leur choix, et d'adopter les lois qu'ils veulent, cette liberté doit être exercée en conformité avec les engagements que ces États ont souscrits en la matière.

et la Charte africaine des droits de l'homme et des Peuples, la plupart ont déclaré leur adhésion aux différents textes internationaux cités ci-haut.

Ainsi, pour la Cour de justice, même dans le cas où une restriction de certains citoyens à la libre participation aux échéances électorales devrait être admise, celle-ci devrait intervenir à la suite d'une décision juridictionnelle sanctionnant un comportement passible de poursuites judiciaires. Donc la condition préalable à une décision d'inéligibilité doit être, bien entendu, la conséquence directe de la commission d'une infraction et dont la sanction devant les tribunaux nationaux pourrait aboutir à une restriction des droits. C'est-à-dire que si la participation à un changement anticonstitutionnel était considérée comme une infraction par la législation interne Burkinabée et que la sanction qui en découle directement de ce chef d'infraction était l'inéligibilité, rien n'aurait empêché aux autorités du Faso, d'intégrer dans leur nouvelle loi cette disposition de la charte de l'union africaine de la démocratie, des élections et de la gouvernance. Or, en l'espèce, aucune infraction n'est reprochée aux partisans de l'ancien régime burkinabé et l'argument de la participation d'un changement anticonstitutionnel ne semble pas suffire aux yeux de la Cour, pour les écarter de la compétition électorale.

Pour la Cour, « *la restriction revêt un caractère quelque peu stigmatisant, infamant...* » à l'égard des requérants qui demeurent les victimes directes. En réalité, ce que la Cour cherche à écarter, c'est le caractère rétroactif de cette loi électorale. En effet, le principe établi est que la loi nouvelle n'a d'effet rétroactif qu'a l'avantage de celui à qui elle s'applique. C'est d'ailleurs le sens de l'arrêt Hissène Habré C. Etat du Sénégal de 2010. Or, dans notre cas, cette loi électorale présente un caractère discriminatoire, en ce qu'elle vise directement une minorité de Burkinabé. Elle rétroagit en leur défaveur, dès lors qu'elle entend s'appliquer aux auteurs d'un fait antérieur à son adoption. On comprend la nécessité de promouvoir une culture démocratique à travers une justesse des actions menées, notamment la rigueur des sanctions. Il n'est d'ailleurs pas étonnant que ce soit le Burkina Faso « pays des hommes intègres » qui en amorce le processus. Malheureusement, c'est un processus mal élaboré qui créé de fait, une rupture d'égalité des citoyens et constitue une violation flagrante des droits fondamentaux. Si une forme de sanction était en jeu, ce serait celle de la condamnation de l'État du Burkina pour violation des droits des requérants à la libre participation aux compétitions électorales.

Ainsi, la Cour de justice entend ériger un texte de référence constitutionnel en se limitant expressément au protocole sur la démocratie et la bonne gouvernance de la CEDEAO.

II. Le protocole sur la démocratie et la bonne gouvernance de la CEDEAO : une constitution pour l'Afrique ?

Reprenant à notre compte les propos des professeurs Ismaila Madior FALL et Alioune SALL, nous osons affirmer que les États membres de la CEDEAO, en adaptant le protocole sur la démocratie et la bonne gouvernance, se sont dotés d'un texte juridique qui, par les principes et valeurs qu'il consacre, est une Constitution. Même si en théorie, plusieurs textes internationaux caractérisent les décisions de la Cour, il importe de souligner la volonté désormais affirmée de la Cour de consacrer son autonomie, en se référant principalement aux textes communautaires **(A).** Néanmoins, pour le besoin de son argumentation, la Cour entend recourir à la jurisprudence internationale **(B).**

A. La référence exclusive aux textes endogènes désormais privilégiée par le juge communautaire

Faisant montre d'une hardiesse et d'une ouverture d'esprit remarquables et privilégiant les textes endogènes sur les textes exogènes venus d'ailleurs, le juge communautaire, à l'image du juge constitutionnel Togolais, contribue par cette décision, à vulgariser les dispositions du protocole sur la démocratie et la bonne gouvernance et, à élever ce texte au rang des normes de référence du constitutionnalisme régional, pour ainsi reprendre la formule bien connue des professeurs Dakarois. La présente décision de la Cour de justice de la CEDEAO conforte très fortement l'idée des professeurs sénégalais pour qui, depuis la Décision DC du 9 juillet 2009, de la Cour constitutionnelle du Togo, il n'y a plus de doute sur la valeur constitutionnelle des dispositions du protocole de Dakar. Car, pour ces derniers, en visant seulement le protocole de Dakar et la Charte africaine des droits de l'homme et des peuples, et non les autres engagements internationaux y afférents, notamment la Déclaration universelle des droits de l'homme et le Pacte international relatif aux droits civils et politiques, le juge togolais conforte le statut de Constitution régionale que les professeurs confèrent au protocole invoqué. Partant de cette idée, on peut donc considérer que le juge communautaire a décidé de mener lui-même la promotion des textes communautaires, ce, même au prix d'une concurrence déclarée avec les autres juridictions internationales. Cette décision d'espèce semble être une occasion rêvée pour le juge communautaire, pour affirmer l'autonomie de son office.

En effet, l'attitude du juge communautaire est tout de même curieuse. En qualifiant de délit d'opinion, l'attitude des autorités du Faso, la Cour semble écarter le caractère sérieux, légal et pertinent de la loi querellée, pour la stabilité démocratique. En écartant de façon spectaculaire, l'argument de l'illégalité des changements anti-constitutionnels, opposé aux requérants, la Cour semble avertir les États membres, sur la nécessité, d'appliquer en priorité les textes communautaires. Elle semble désormais instituer une hiérarchisation des textes juridiques de référence dans l'espace communautaire. Car il serait injurieux de croire que le juge communautaire, ignore les dispositions de l'article 25 alinéa 4 de la Charte africaine de démocratie, des élections et de la gouvernance. Or, la disposition attaquée devant son office est une reprise intégrale de l'alinéa précité. Et pour mieux s'affirmer, la Cour de justice, n'a pas hésité a rappelé la nature de sa juridiction qu'elle qualifie désormais de juridiction internationale. Pourtant, la Cour de justice de la CEDEAO est un organe juridictionnel d'intégration économique différent de la Cour africaine des droits de l'homme qui est une juridiction internationale. On est dès lors tenté de comprendre le sens du message réellement adressé par le juge de la CEDEAO aux États membres ? Est-ce une concurrence déclarée à la Cour africaine des droits de l'homme ou une simple provocation entre sœurs? Ce qui rend les réponses à ces interrogations difficiles, c'est la position de la Cour de justice qui, pour imposer son protocole additionnel de 2001, n'a pas hésité à écarter la Charte africaine en déclarant ses dispositions impertinentes et portant même atteinte aux droits des requérants. En interprétant de façon laconique et lapidaire les dispositions de la charte, la Cour de justice ne risque-t-elle pas de créer une insécurité juridique ? À notre avis, la Cour aurait due être prudente dans son interprétation en écartant tout simplement le texte international au profit du texte communautaire. Mais, la Cour s'est contentée d'une interprétation ambiguë lorsqu'elle « *rappelle simplement que la sanction du changement anticonstitutionnel de gouvernement vise des régimes, des États, éventuellement leurs dirigeants, mais ne saurait concerner les droits des citoyens ordinaires*» ; sans s'efforcer de définir les concepts : de « régimes », « États », « dirigeants » « citoyens ordinaires », employés dans son analyse.

Dans sa volonté d'affirmation de son office, le juge de la CEDEAO, créé ainsi une confusion dans l'interprétation des textes, il ne faut donc pas s'étonner d'assister à un revirement de jurisprudence prochainement. En effet, l'absurdité de l'interprétation réside dans le fait que la Cour de justice, en invoquant l'autonomie constitutionnelle, politique et législative des États membres, reconnaît la liberté des États de choisir leurs institutions et les lois qui leur sont applicables, en conformité avec leurs engagements internationaux. Or, la plupart des États n'ont pas attendu cette décision de la Cour pour affirmer la nécessité de conformer leurs lois fondamentales aux Traités internationaux auxquels ils prétendent adhérer. Cependant, en l'espèce la Cour de justice affirme qu'*« il ne fait aucun doute que de tels engagements existent, l'impressionnante liste des textes invoqués par les requérants en atteste amplement.* » Si tant est que la Cour ait connaissance d'une telle situation, pourquoi a-t-elle écarté, au moyen d'une interprétation accusatoire, les dispositions de la charte africaine de la démocratie, des élections et de la gouvernance ?

Cependant, malgré ce contexte, la solution n'est pas dénuée d'intérêt, car, au-delà même du constat de la violation née de cette sanction d'inéligibilité, divers passages ont permis de comprendre la position de la Cour qui, comme pour faire œuvre utile, fait appel à la jurisprudence internationale.

B. Le renfort apporté par la jurisprudence internationale au juge communautaire

Selon un principe bien établi, la Cour de justice semble veiller à ne pas créer une situation susceptible de mettre à mal ses rapports avec les États membres à chaque fois qu'elle est appelée à prendre une décision. C'est pourquoi, chaque fois qu'elle en a l'occasion, la Cour s'emploie énergiquement à expliquer la portée de sa décision et comme pour mieux se faire comprendre, rappelle sans badiner, le caractère subsidiaire de son office. Certains auteurs estiment d'ailleurs qu'une telle attitude de la Cour risquerait de la décrédibiliser et la contraindre à chaque fois qu'elle rend une décision, de porter en plus de son costume de juge, parfois censeur, un costume de pédagogue. Mais tant qu'à faire, à notre avis, il n'y a pas de mal à mieux se faire comprendre et faciliter ainsi le développement d'une jurisprudence communautaire sans froisser les États qui n'hésitent pas à brandir le principe de souveraineté pour refuser d'exécuter les décisions de la Cour.

Les critiquent importent peu aux yeux de la Cour, pourvu qu'elle réussisse à faire évoluer le droit communautaire et faire la promotion des droits de l'homme, à travers laquelle la culture démocratique passe indéniablement. C'est pourquoi le juge s'efforce à illustrer ses décisions parfois en s'appuyant sur des décisions d'autres juridictions internationales.

On comprend ainsi, le choix de la jurisprudence de la Cour européenne des droits de l'homme, notamment l'arrêt Paksas C. Lituanie du 6 janvier 2011 dans lequel la Cour EDH a rappelé la nécessité de concilier la faute imputée et la sanction qui en découle, celles-ci doivent être proportionnelles à la nécessité démocratique. Or, pour la Cour EDH, « *qu'une violation grave de la Constitution ou un manquement au serment constitutionnel revêtent un caractère particulièrement sérieux et appellent une réponse rigoureuse lorsque son auteur est détenteur d'un mandat public (...). Cela ne suffit toutefois pas pour convaincre la Cour que l'inéligibilité définitive et irréversible qui frappe le requérant en vertu d'une disposition générale répond de manière proportionnée aux nécessités de la défense de l'ordre démocratique.* »

C'est aussi le cas de l'observation générale n° 25 du Comité des droits de l'homme des Nations-Unies lorsqu'il invoque des motifs légitimes, sérieux et raisonnables pour toute restriction du droit d'un individu à concourir librement à des élections.

La position de la Cour à ce stade peut être aisément résumée : **une sanction d'inéligibilité d'un candidat à la direction des affaires politiques de son pays est, en soi,**

parfaitement admissible. Néanmoins, elle peut cesser de l'être si cette inéligibilité est discriminatoire et déraisonnable.

La solution de la Cour de justice de la CEDEAO est d'une très grande richesse. Tout en préservant **la nécessaire autonomie constitutionnelle** des États pour ce qui est « *des rapports et [...] interaction[s] entre les différents pouvoirs étatiques*[150]» **la Cour démontre qu'elle peut limiter la liberté étatique même sur des éléments aussi sensibles que l'inéligibilité des candidats ayant contribué ou participer à un changement** anticonstitutionnel **de régime démocratiquement élu.**

La condamnation du Burkina Faso pour violation des droits de l'homme appelle à une modification de la loi électorale moins de six (6) mois avant les élections au détriment des engagements internationaux, ce qui n'est pas sans conséquence sur la vie politique burkinabée.

En tout état de cause, cette affaire et la solution retenue par la Cour d'Abuja auront au moins eu le mérite de mettre fin à une situation inédite qui aurait pu plonger le Burkina dans une instabilité démocratique, quand bien même la sanction présenterait l'avantage de responsabiliser un personnel politique impertinent.

---

[150] Nicolas Hervieu, *op. cit.*

Cour de justice de la communauté économique des États de l'Afrique de l'Ouest (CEDEAO) siégeant à Abuja au Nigeria

Ce 13 juillet 2015

Affaire no°ecw/ccj/app/19/15

Jugement n° ecw/ccj/jug/16/15

Congrès pour la Démocratie et le Progrès (CDP)
REQUÉRANT

CONTRE

L'Etat du Burkina DEFENDERESSE

COMPOSITION DE LA COUR :

- Hon. Juge Yaya Boiro, Président
- Hon. Juge Hamèye Founé MAHALMADANE, Membre
- Hon. Juge Alioune SALL, Membre

ASSISTES DE Me Aboubacar DIAKITE Greffier

I – Les parties et leur représentation

1. La requête a été présentée au Greffe de la Cour le 21 mai 2015 par un groupe de partis politiques et de citoyens de l'État du Burkina.

Au titre des premiers, il y a :

- Le Congrès pour la Démocratie et le Progrès (CDP), représenté par son président, Komboigo Wend-Venem Eddie Constance Hyacinthe ;
- Le Rassemblement pour le Sursaut Républicain (RSR), représenté par son président, Kaboré René Emile ;
- L'Union Nationale pour la Démocratie et le Développement (UNDD), représenté par son président, Yaméogo Hermann ;
- Le Rassemblement des Démocrates pour le Faso (RDF), représenté par son président, Yaméogo Salvador Maurice ;
- L'Union pour un Burkina Nouveau (UBN), représenté par son président national, Ouédraogo Yacouba ;
- Nouvelle Alliance du Faso (NAFA), représenté par son président, Ouédraogo Rasmané ;
- L'Union pour la République (UPR), représenté par son président, Coulibaly Toussaint Abel.

Au titre des seconds, on relève :
- Koné Léonce ;
- Tapsoba Achille Marie Joseph ;
- Sampebre Eugène Bruno ;
- Sawadogo Moussa ;
- Nignan Frédéric Daniel ;
- Sankara Sidnoma ;
- Yaméogo Noel ;
- Daboue Badama ;
- Dicko Amadou Diemdioda ;

- Barry Yacouba ;
- Traoré Amadou ;
- Sanogo Issa ;
- Kaboré Saïdou.

Les requérants sont représentés par les avocats suivants :

- Maître Moussa Coulibaly, avocat au barreau du Niger ;
- La Société Civile Professionnelle d'Avocats (SCPA) Ouattara-Sory et Salambéré, avocats au barreau du Burkina Faso ;
- Maître Flore Marie Ange Toe, avocat au barreau du Burkina Faso.

2. Le défendeur est l'État du Burkina représenté par Maître Savadogo Mamadou et par la SCP d'avocats « Kam et Some », tous avocats inscrits au barreau du Burkina Faso. L'État du Burkina a produit un mémoire en défense enregistré au greffe de la Cour le 29 juin 2015.

II – Présentation des faits et procédure

3. À la suite de violentes manifestations qui ont eu lieu au Burkina Faso les 30 et 31 octobre 2014, qui se sont soldées par quelques morts et la destruction de biens

publics et privés, le Président de la République jusque-là en place, dont le projet de modification de la Constitution était ainsi désavoué par les manifestants, a démissionné de ses fonctions. Des tentatives de coup d'État ont immédiatement suivi la vacance du pouvoir, avant qu'une transition politique, appuyée par la communauté internationale en général et la CEDEAO en particulier, se mette en place, pour pacifier le pays et conduire celui-ci à des élections démocratiques et transparentes.

4. Le Forum national, qui a réuni les forces vives de la nation burkinabé, a, dans cette perspective, adopté le 13 novembre 2014, une Charte de la Transition politique, et mit en place un Conseil National de la Transition (CNT). Ce Conseil, doté de pouvoirs législatifs, a alors engagé un certain nombre de réformes, dont celle de la loi électorale. C'est dans ce cadre qu'il a adopté, le 7 avril 2015, la loi n° 005-2015 portant modification de la loi n°014-2001/AN du 03 juillet 2001 portant code électoral. Au titre des personnes frappées d'inéligibilité, c'est-à-dire inaptes à se présenter aux élections, le nouvel article 135 ajoutait, en sus des :

- Individus privés par décision judiciaire de leurs droits d'éligibilité en application des lois en vigueur ;
- Personnes pourvues d'un conseil judiciaire ;
- Individus condamnés pour fraude électorale ;
- Une nouvelle catégorie formée par « toutes les personnes ayant soutenu un changement

anticonstitutionnel qui porte atteinte au principe de l'alternance démocratique, notamment au principe de la limitation du nombre de mandats présidentiels ayant conduit à une insurrection ou à toute autre forme de soulèvement ».

5. En pratique, l'adoption d'une telle modification de la loi a eu pour conséquence, semble-t-il, d'exclure de la compétition électorale les partisans du pouvoir déchu, les dispositions précitées ayant été interprétées comme les visant. C'est dans ces conditions que des formations politiques et un certain nombre de citoyens du Burkina Faso ont saisi la Cour de justice de la CEDEAO, à l'effet de voir celle-ci constater la violation de leurs droits par les nouvelles autorités, et, en conséquence, d'ordonner l'abrogation de la disposition litigieuse.

6. Les demandeurs ont déposé deux requêtes au Greffe de la Cour, à la même date – le 21 mai 2015 - : une requête principale et une requête aux fins de soumettre l'affaire à une procédure accélérée, conformément à l'article 59 du Règlement de la Cour.

7. Une demande en intervention a été également formulée devant la Cour à la veille de l'audience – le 29 juin 2015-. Cette demande émane du cabinet « Falana and Falana's Chambers ».

III – Arguments des parties

8. Les requérants estiment que la nouvelle loi adoptée par le Conseil de Transition du Burkina-Faso viole leur droit à participer librement aux élections. Ce droit est notamment prévu par les textes suivants :

- Article 2 alinéa 1er et 21 alinéas 1 et 2 de la Déclaration universelle des droits de l'homme de 1948, qui disposent respectivement : « Chacun peut se prévaloir de tous les droits et de toutes les libertés proclamés dans la présente Déclaration, sans distinction aucune, notamment de race, de couleur, de sexe, de langue, de religion, d'opinion politique ou de toute autre opinion, d'origine nationale ou sociale, de fortune, de naissance ou de toute autre situation » ; « Toute personne a le droit de prendre part à la direction des affaires publiques de son pays, soit directement, soit par l'intermédiaire de représentants librement choisis » ; « Toute personne a droit à accéder, dans des conditions d'égalité, aux fonctions publiques de son pays » ;
- Article 26 du Pacte international relatif aux droits civils et politiques de 1966, adopté dans le cadre des Nations Unies : « Toutes les personnes sont égales devant la loi et ont droit sans discrimination à une égale protection de la loi. À cet égard, la loi doit interdire toute discrimination et garantir à toutes les personnes une protection égale et efficace contre toute discrimination, notamment de race, de couleur, de sexe, de langue, de religion, d'opinion politique et de toute autre opinion,

d'origine nationale ou sociale, de fortune, de naissance ou de toute autre situation » ;

- Articles 2 et 13 alinéas 1 et 2 de la Charte africaine des droits de l'homme et des peuples : « Toute personne a droit à la jouissance des droits et libertés reconnus et garantis dans la présente Charte sans distinction aucune, notamment de race, d'ethnie, de couleur, de sexe, de langue, de religion, d'opinion politique ou de toute autre opinion, d'origine nationale ou sociale, de fortune, de naissance ou de toute autre situation » ; « Tous les citoyens ont le droit de participer librement à la direction des affaires publiques de leur pays, soit directement, soit par l'intermédiaire de représentants librement choisis, ce, conformément aux règles édictées par la loi » ; « Tous les citoyens ont également le droit d'accéder aux fonctions publiques de leur pays » ;

- Articles 3.7, 3.11, 4.2, 8.1 et 10.3 de la Charte africaine de la démocratie, des élections et de la gouvernance, qui disposent respectivement que les États partis s'engagent pour promouvoir « la participation effective des citoyens aux processus démocratiques et de développement et à la gestion des affaires publiques » ; « le renforcement du pluralisme politique, notamment par la reconnaissance du rôle, des droits et des obligations des partis politiques légalement constitués, y compris les partis politiques d'opposition qui doivent bénéficier d'un statut sous la loi nationale » ; « Les États partis considèrent la participation populaire par le biais du suffrage universel comme un droit inaliénable des peuples » ; « Les États partis éliminent toutes les formes de discrimination, en particulier celles basées sur l'opinion politique, le sexe, l'ethnie, la religion et la race, ainsi que toutes autres formes d'intolérance » ; « Les États partis protègent le droit à l'égalité devant la loi et à la protection égale par la loi comme condition préalable fondamentale pour une société juste et démocratique » ;

- Article 1er i) du Protocole sur la démocratie et la bonne gouvernance adopté en 2001 par la CEDEAO : « Les partis politiques se créent et exercent librement leurs activités dans le cadre des lois en vigueur. Leur formation et activités ne doivent avoir pour fondement aucune considération raciale, ethnique, religieuse, ou régionale. Ils participent librement et sans entrave ni discrimination à tout processus électoral. La liberté d'opposition est garantie (...) ».

9. Dans son mémoire en défense, l'État du Burkina estime que la Cour est incompétente pour connaître de l'affaire, que la requête introduite est irrecevable, et qu'elle est également mal fondée.

10. S'agissant de l'incompétence, l'État défendeur avance que la Cour n'est pas saisie d'une violation concrète des droits de l'homme, mais tout au plus d'une violation éventuelle ou hypothétique, hypothèse dans laquelle elle s'est toujours déclarée incompétente.

11. Au titre de l'irrecevabilité du recours, l'État du Burkina Faso estime que le droit en cause, qui est la participation à la gestion des affaires publiques, est « un

droit individuel et subjectif et non un droit collectif ». Devrait alors être déclarée irrecevable au moins la partie de la requête présentée par des partis politiques.

12. Enfin, sur le caractère mal fondé de la demande, le Burkina Faso fait valoir que le droit à participer à des élections « n'est pas un droit de caractère absolu » et qu'un État peut y apporter des restrictions. Il résulte de l'argumentation de l'État défendeur que l'exclusion d'un certain nombre d'organisations et de citoyens du processus électoral en cours se justifierait par le soutien qu'ils auraient apporté aux anciennes autorités du pays dans leur projet de modification de la Constitution en vue de se maintenir au pouvoir. Ce projet, perçu comme « anticonstitutionnel » dans la loi du 7 avril 2015, a été à l'origine des troubles ayant conduit à la chute du gouvernement.

IV – Analyse de la Cour

13. En la forme, la Cour a d'abord statué sur l'exception soulevée par les requérants, relativement au caractère prétendument tardif du dépôt du mémoire en réponse du Burkina. En effet, selon les demandeurs, l'État du Burkina, qui a reçu la requête le 28 mai 2015, devait y répondre au plus tard dans les trente jours, soit, de leur point de vue, avant la date du 27 juin 2015. Cependant, en application des dispositions de l'article 75 alinéa 2 de son Règlement, la Cour a estimé que tous les délais de procédure sont francs,

et que le dernier jour pour le dépôt étant un jour non travaillé, c'est bien au plus tard le lundi 29 juin 2015 que l'État défendeur devait déposer son mémoire. Or, c'est bien ce jour même que le dépôt a été effectué. Il en résulte que l'exception tirée de la tardiveté du dépôt du mémoire en défense doit être rejetée.

14. La Cour a également statué sur la demande en intervention formulée par le cabinet « Falana and Falana's Chambers ». Elle a considéré qu'en vertu de l'article 21 du Protocole de 1991 relatif à la Cour, le droit d'intervention n'est ouvert qu'aux États. En conséquence, elle a déclaré irrecevable la demande d'intervention qui lui était soumise.

15. Au sujet de l'incompétence alléguée par le Burkina Faso et tirée du caractère non effectif des violations prétendues, la Cour a toujours considéré qu'elle ne devait, en principe, sanctionner que des violations des droits de l'homme effectives, réelles, avérées, et non des violations possibles, éventuelles ou potentielles. L'on pourrait alors être tenté, dans le cas présent, de s'interroger sur le bien-fondé de son intervention puisqu'au moment où elle est saisie, aucune violation n'est encore commise, aucun cas de rejet effectif de candidature ne lui a été rapporté, aucune candidature individuelle n'a été écartée en vertu des nouvelles dispositions, bref, il n'existe aucun préjudice réel.

16. Ce serait oublier, comme elle a au demeurant eu à le dire dans le passé, qu'elle peut valablement se préoccuper de violations non encore réalisées, mais très imminentes. En

l'espèce, la violation prétendue n'a pas encore été accomplie, mais elle pourrait l'être très prochainement. Le processus électoral, si l'on se fie aux indications données à la Cour, devrait s'ouvrir près de soixante-dix (70) jours avant la date du scrutin, soit, pour des élections prévues le 11 octobre 2015, la date fatidique du 1er août 2015. La Cour est donc saisie dans l'urgence. Dans la configuration présente, si elle devait attendre que des dossiers de candidature soient éventuellement rejetés pour agir, si elle devait attendre l'épuisement des effets d'une transgression pour dire le droit, sa juridiction dans un contexte d'urgence n'aurait aucun sens, les victimes présumées de telles violations se retrouvant alors inexorablement lésées dans la compétition électorale.

17. Au demeurant, cette position de la Cour, relativement aux caractéristiques du préjudice allégué devant elle, a été clairement expliquée dans l'arrêt « Hissène Habré contre État du Sénégal », rendu le 18 novembre 2010. La Cour y rappelle « sa jurisprudence dans l'affaire Hadidjatou Mani Koraou c/ État du Niger où elle affirmait que sa compétence n'est pas d'examiner des cas de violation in abstracto, mais des cas concrets de violations de droits de l'homme (…). Ainsi donc, en principe, la violation d'un droit de l'homme se constate a posteriori, par la preuve que cette violation a déjà eu lieu » (§48). La Cour a cependant ajouté qu'il se peut que dans des circonstances particulières, « le risque d'une violation future confère à un requérant la qualité de victime » (§49). Il existe alors « des indices raisonnables et convaincants de probabilité de

réalisation d'actions » susceptibles de violer les droits de la personne (§53). Dans une telle hypothèse, qu'elle considère comme étant celle de l'espèce, la Cour peut parfaitement connaître de l'affaire.

18. C'est donc à tort que l'État du Burkina avance que la Cour ne peut se prononcer faute de violation déjà commise des droits en cause.

19. Au titre de sa compétence, la Cour doit également préciser que s'il est hors de question qu'elle assure la police des élections que les États membres organisent, elle peut être valablement saisie lorsqu'il apparaît que le processus électoral est entaché de violations de droits de l'homme, violations dont la sanction relève de sa compétence.

20. Au sujet de l'irrecevabilité du recours, tirée de ce que le droit en cause – droit de participer aux élections et à la gestion des affaires publiques – serait un droit de l'individu et non d'une formation politique, la Cour doit d'abord rappeler qu'elle n'est pas saisie que par des partis politiques, elle l'est également par des citoyens. Mais même si elle n'était saisie que par des associations de type politique, la Cour estime que rien ne l'empêcherait d'en connaître, pour la raison qu'une restriction d'un tel droit peut parfaitement léser une formation politique, structure dont la vocation consiste précisément à solliciter le suffrage des citoyens et à participer à la gestion des affaires publiques. Non seulement les textes qui régissent la Cour n'excluent pas que celle-ci puisse être saisie par des

personnes morales – à la condition qu'elles soient cependant victimes- (article 10 d) du Protocole de 2005), mais ce serait de façon purement artificielle et déraisonnable que la Cour refuserait à des partis politiques le droit de la saisir dès lors que des droits liés à leur vocation de compétiteurs électoraux étaient violés.

21. Il s'ensuit que la thèse de l'irrecevabilité, soutenue par l'État du Burkina, doit être rejetée.

22. Sur le fond, le problème soumis à la Cour est relativement simple. Il s'agit, pour l'essentiel, de savoir si la modification de la loi électorale burkinabé, compte tenu de l'application qui en est faite, méconnaît le droit de certains partis politiques et citoyens à concourir au suffrage, à participer aux élections.

23. Pour répondre à cette question, la Cour doit d'abord rappeler un certain nombre de principes dégagés des textes qui la régissent ainsi que de sa jurisprudence.

24. Le premier de ces principes, qui revêt une portée singulière dans le cas qui lui est soumis, est son refus de s'instituer juge de la légalité interne des États. La Cour, en effet, a toujours rappelé qu'elle n'était pas une instance chargée de trancher des procès dont l'enjeu est l'interprétation de la loi ou de la Constitution des États de la CEDEAO. Deux conséquences en découlent.

25. La première est qu'il faut écarter du débat judiciaire toute référence au droit national, qu'il s'agisse de la Constitution du Burkina Faso, ou de normes infra-constitutionnelles quelles qu'elles soient. Dans leurs écritures, les requérants se sont en effet référés aussi bien à la Constitution nationale (article 1er) qu'à la Charte de la Transition (article 1er également). La Cour doit considérer de telles références comme inappropriées dans son prétoire. Juridiction internationale, elle n'a vocation à sanctionner que la méconnaissance d'obligations résultant de textes internationaux opposables aux États.

26. La seconde conséquence est qu'il ne saurait être question, dans la présente affaire, de s'épancher sur le sens qu'il faut donner au nouvel article 135 du Code électoral du Burkina Faso. La tentation peut exister, devant la relative ambiguïté du texte incriminé, de se livrer à l'exégèse de celui-ci, ou de lui conférer un certain sens, d'orienter son interprétation dans une direction donnée.

27. La Cour ne saurait bien entendu entreprendre une telle démarche, qui serait aux antipodes de sa position de principe qui a été rappelée plus haut. Elle continue à considérer que, pas plus dans cette affaire que dans d'autres qui l'ont précédée, sa fonction ne consiste à découvrir l'intention du législateur national, ou de concurrencer les juridictions nationales sur leur propre terrain, qui est celui de l'interprétation des textes nationaux précisément. Mais la Cour retrouve sa compétence dès lors que l'interprétation ou l'application d'un texte national a pour objet ou pour

effet de priver des citoyens de droits tirés d'instruments internationaux dont le Burkina Faso fait partie.

28. Pour la Cour, il ne fait aucun doute que l'exclusion d'un certain nombre de formations politiques et de citoyens de la compétition électorale qui se prépare relève d'une discrimination difficilement justifiable en droit. Il peut certes arriver que dans des conjonctures particulières, la législation d'un pays institue des impossibilités d'accéder à des fonctions électives à l'encontre de certains citoyens ou de certaines organisations. Mais la restriction de ce droit d'accès à des charges publiques doit alors être justifiée, notamment, par la commission d'infractions particulièrement graves. Il ne s'agit donc pas de nier que les autorités actuelles du Burkina Faso aient, en principe, le droit de restreindre l'accès au suffrage, mais c'est le caractère ambigu des critères de l'exclusion, et l'application expéditive et massive qui en est faite, que la Cour juge contraire aux textes. Interdire de candidature toute organisation ou personne ayant été politiquement proche du régime défait, mais n'ayant commis aucune infraction particulière, revient, pour la Cour, à instituer une sorte de délit d'opinion qui est évidemment inacceptable.

29. Il convient donc de donner au droit de restreindre l'accès à la compétition électorale sa portée exacte. Un tel droit ne doit pas être utilisé comme un moyen de discrimination des minorités politiques.

30. À cet égard, l'argument de l'illégalité des changements anti-constitutionnels de gouvernement, que l'on pourrait, sur la base du nouveau code électoral opposer aux requérants, ne tient pas. Sans entrer dans une discussion sur la qualification même des conditions dans lesquelles le précédent régime a voulu modifier la Constitution, la Cour rappelle simplement que la sanction du changement anticonstitutionnel de gouvernement vise des régimes, des États, éventuellement leurs dirigeants, mais ne saurait concerner les droits des citoyens ordinaires. Ni l'esprit des sanctions des changements anti constitutionnels de gouvernement, ni l'évolution générale du droit international tendant à faire des « droits de l'homme » un sanctuaire soustrait aux logiques des États et des régimes, n'autorise une application brutale et indiscriminée des mesures coercitives que l'on pourrait à cet égard concevoir.

31. Si donc le principe de l'autonomie constitutionnelle et politique des États implique sans conteste que ceux-ci aient la latitude de déterminer le régime et les institutions politiques de leur choix, et d'adopter les lois qu'ils veulent, cette liberté doit être exercée en conformité avec les engagements que ces États ont souscrits en la matière. Or, il ne fait aucun doute que de tels engagements existent, l'impressionnante liste des textes invoqués par les requérants en atteste amplement.

Dans le cadre particulier de la CEDEAO, on se contentera de renvoyer aux dispositions suivantes du

Protocole sur la démocratie et la bonne gouvernance, conclu en 2001 :

- Article 1er g) : « L'État et toutes ses institutions sont nationaux. En conséquence, aucune de leurs décisions et actions ne doit avoir pour fondement ou pour but une discrimination (...) » ;
- Article 1er i) : « Les partis politiques (...) participent librement et sans entrave ni discrimination à tout processus électoral. La liberté d'opposition est garantie » ;
- Article 2.3 : « Les États membres prendront les mesures appropriées pour que les femmes aient, comme les hommes, le droit de voter et d'être élues lors des élections, de participer à la formulation et à la mise en œuvre des politiques gouvernementales et d'occuper et de remplir des fonctions publiques à tous les niveaux de l'État ».

32. La Cour est d'avis que l'exclusion en cause dans la présente affaire n'est ni légale ni nécessaire à la stabilisation de l'ordre démocratique, contrairement aux allégations du défendeur. La restriction opérée par le Code électoral n'a au demeurant pas pour seul effet d'empêcher les requérants à se porter candidats, elle limite également de façon importante le choix offert au corps électoral, et altère donc le caractère compétitif de l'élection.

33. Enfin, la thèse avancée par l'État défendeur, suivant laquelle la mesure litigieuse ne serait pas discriminatoire eu

égard au fait que des acteurs de la Transition eux-mêmes seraient concernés par cette restriction du droit de participer aux élections, ne saurait évidemment être acceptée par la Cour. Il va de soi, en effet, que les raisons de la restriction ne sont pas les mêmes pour les uns et pour les autres. Alors qu'il s'agit d'éviter que les acteurs de la Transition méconnaissent le principe d'égalité des candidats en usant de leur présence et de leur position dans l'État pour « prendre l'avantage » sur leurs concurrents, il est question, s'agissant des proches du régime défait, de sanctionner leurs prises de position passées. Dans leur cas précis, la restriction revêt un caractère quelque peu stigmatisant, infamant, qui n'existe évidemment pas pour les acteurs de la Transition. La défense de l'État du Burkina Faso, sur ce point, ne peut donc être acceptée.

34. La position dégagée par la Cour semble, au surplus, être celle d'autres instances juridictionnelles ou quasi-juridictionnelles, lorsqu'elles ont eu à traiter de cas similaires.

35. Dans son Observation générale 25, adoptée au titre du paragraphe 4 de l'article 40 du Pacte international relatif aux droits civils et politiques, le Comité des droits de l'homme des Nations Unies déclare : « L'application effective du droit et de la possibilité de se porter candidat à une charge élective garantit aux personnes ayant le droit de vote un libre choix de candidats. Toute restriction au droit de se porter candidat doit reposer sur des critères objectifs et raisonnables. Les personnes qui, à tous égards, seraient

éligibles ne devraient pas se voir privées de la possibilité d'être élues par des conditions déraisonnables ou discriminatoires. Nul ne devrait subir de discrimination ni être désavantagé en aucune façon pour s'être porté candidat » (publié le 27 août 1996).

36. Quant à la Cour européenne des droits de l'homme, elle a, dans un arrêt du 6 janvier 2011 (« Aff. Paksas c. Lituanie »), rappelé qu' « elle juge compréhensible qu'un Etat considère qu'une violation grave de la Constitution ou un manquement au serment constitutionnel revêtent un caractère particulièrement sérieux et appellent une réponse rigoureuse lorsque son auteur est détenteur d'un mandat public (...). Cela ne suffit toutefois pas pour convaincre la Cour que l'inéligibilité définitive et irréversible qui frappe le requérant en vertu d'une disposition générale répond de manière proportionnée aux nécessités de la défense de l'ordre démocratique. Elle réaffirme à cet égard que « la libre expression de l'opinion du peuple sur le choix du corps législatif » doit dans tous les cas être préservée » (§104 et 105, v. également CEDH, 22 septembre 2004, « aff. Aziz c. Chypre).

37. Pour l'ensemble de ces raisons, et sans qu'il soit besoin de statuer sur le caractère « consensuel » ou non du changement de la loi électorale intervenu avant les élections, la Cour estime que les formations politiques et les citoyens burkinabé qui ne peuvent se présenter aux élections du fait de la modification de la loi électorale (loi n° 005-2015/CNT portant modification de la loi n° 014-

2001/AN du 03 juillet 2001) doivent être rétablis dans leur droit. Elle précise en outre que les instruments internationaux invoqués au soutien de la requête lient bien l'État du Burkina-Faso.

38. La Cour estime qu'il est logique, dans ces conditions, que l'État du Burkina-Faso supporte les dépens.

PAR CES MOTIFS :

La Cour, statuant publiquement, contradictoirement en matière de violations de droits de l'homme, en premier et dernier ressort,

En la forme

Rejette les exceptions d'incompétence et d'irrecevabilité soulevées par l'État du Burkina ;
Se déclare compétente pour examiner la requête qui lui est soumise ;

Déclare recevable la requête qui lui est soumise ;

Déclare également recevable le mémoire en défense de l'État du Burkina ;

Déclare irrecevable la demande en intervention présentée par le cabinet « Falana and Falana's Chambers » ;

Au fond

- Dit que le Code électoral du Burkina Faso, tel que modifié par la loi n° 005-2015/CNT du 7 avril 2015, est une violation du droit de libre participation aux élections ;
- Ordonne en conséquence à l'État du Burkina de lever tous les obstacles à une participation aux élections consécutifs à cette modification ;
- Condamne l'État du Burkina aux entiers dépens.

Ainsi fait, jugé et prononcé publiquement par la Cour de justice de la CEDEAO à Abuja, les jour, mois et an susdits.

Et ont signé,

Hon Juge Yaya BOIRO

Hon Juge Hamèye Founé MAHALMADANE

Hon Juge Alioune SALL

Assistés de Me Aboubacar DIAKITE Greffier

Assistés de Me Aboubacar DIAKITE Greffier

La Cour pénale internationale est-elle une réponse efficace aux exactions de dirigeants africains ?

Claude GARRIER
Docteur en Droit – Expert-comptable
c_garrier@yahoo.fr

Introduction

Autant les Amériques centrale et du Sud et l'Asie orientale sont divisées entre États aux gouvernements relativement démocratiques et d'autres menés par des dirigeants autoritaires, autant l'Afrique, à de rares exceptions près (Ghana, Liberia, Sénégal), est aux mains de despotes fort peu éclairés et rivés à leur trône.

Dans le passé des gouvernants européens de l'Allemagne à la Yougoslavie ont, par leurs méfaits, enrichi la jurisprudence et conduit autorités internationales et magistrats à définir de nouvelles formes de crimes. Plus récemment, les comportements de dirigeants africains imposent à la Cour pénale internationale, d'élaborer des dossiers, voire d'inculper.

Les motifs de récriminations contre la Cour pénale internationale étant nombreux, et des Chefs d'États africains, à la suite du président du Kenya, proposant de concevoir une Cour pénale africaine, il est apparu nécessaire d'énumérer les causes profondes des dysfonctionnements et d'apprécier jusqu'à quel point une Cour sous continentale (ne sont actuellement concernés que par les trente-quatre États membres de l'Union africaine) donnerait une plus grande satisfaction.

Méthodologie de recherche

La réflexion part des dispositions juridiques. Les éléments de fait ne sont cités que pour éclairer les raisons qui poussent à adopter certaines dispositions. La recherche est donc entièrement bibliographique.

Après avoir rappelé les circonstances qui à la suite des deux Guerres Mondiales et des crimes qui les ont ensanglantés, ont été examinés les textes desquels a été progressivement élaborée une Cour pénale permanente, les crimes qui lui sont soumis, sa place dans la structure judiciaire mondiale, les satisfactions et insatisfactions qui résultent de son fonctionnement.

Nous constatons le mécontentement de Chefs d'État africains, et le débat qui s'ensuit.

Comme les autres institutions internationales, la CPI est liée au statut qui lui fut conféré par un traité, le Statut de Rome. Sa liberté est donc limitée par les termes de ce texte qui lui donne pouvoir d'enquêter, mais ne lui attribue aucun bras armé.

La question se pose donc de la pertinence de limiter le pouvoir territorial de la CPI et d'instituer une Cour propre à un continent, voire un sous-continent.

Hypothèse principale

Les Chefs d'État, depuis 1945, ne sont plus à l'abri de poursuites judiciaires. Le principe de non-rétroactivité du droit pénal fut mis de côté lorsque fut conçu le premier tribunal pénal international.

Hypothèse secondaire

La Cour pénale internationale étant une institution de droit international public, ne peut fonctionner que dans le cadre du traité qui l'a instituée.

Ce qui conduit à constater divers dysfonctionnements de la CPI et à chercher à quelles conditions une Cour sous continentale (elle ne concernerait en fait que quelques États africains) devrait répondre pour préserver son indépendance et échapper aux reproches actuels.

Les Chefs d'État mécontents peuvent, certes rompre avec le Statut de la Cour et créer une institution concurrente ; ils peuvent aussi proposer des modifications au statut.

I. La Cour pénale internationale

Des premiers balbutiements à la fin du XIXe siècle, à l'impasse qui suit la Grande Guerre

Deux « Conventions de paix » avaient été signées à La Haye en 1899 et en 1907, fixant les règles à respecter en période de guerre et interdisant l'emploi de certains moyens et de diverses méthodes. Elles ne comportaient malheureusement aucune disposition pénale à l'encontre des autorités politiques et/ou militaires qui donneraient des ordres contraires ; elles n'instituaient pas le tribunal qui eut jugé les éventuelles infractions à ces textes. Elles restent de nos jours, des règles de droit coutumier international de première importance. Elles ont été considérablement élargies par les Conventions de Genève du 12 août 1949 et leurs Protocoles additionnels du 8 juin 1977.

À l'issue de la Grande Guerre (1914-1918), l'empereur Guillaume II est désigné par les puissances alliées comme le principal responsable du conflit, et l'article 227 du Traité de Versailles (1919) l'accuse personnellement d'« offense suprême contre la morale internationale et l'autorité sacrée des traités »[151]. Le gouvernement allemand doit reconnaître sa responsabilité dans le déclenchement de la guerre. Le président du Conseil français, Georges Clémenceau souhaite voir l'empereur

---

[151] Henry BOGDAN, « Guillaume II et l'Europe d'avant 1914 », *La Nouvelle Revue d'Histoire*, hors série, n° 8 h, printemps-été 2014, p. 48-52.

déchu jugé et condamné par une Haute Cour internationale. Le Premier ministre anglais Lloyd George est encore plus expéditif et réclame de pendre l'empereur[152] déchu. En fait, celui-ci s'est retiré en Hollande, pays neutre, jusqu'à son décès.

Pendant la Conférence de Paix de Paris de 1919, la Commission des Responsabilités proposa l'institution d'un tribunal international qui aurait jugé les responsables politiques accusés de crimes contre le droit international. Le même sujet fut repris par la conférence de Genève de la Société des Nations, de 1937. En résultat, une convention stipulant l'institution d'un tribunal permanent qui fut intervenu contre le terrorisme international, qui fut signée par treize États, mais jamais ratifiée. Cette convention resta donc lettre morte.

Du premier tribunal international à l'actuelle CPI

Lorsque la fin de la Seconde Guerre mondiale est en vue, les Soviétiques affichent une position très dure : exécuter tous les chefs nazis.

Plus formalistes, les États-Uniens proposent de constituer un tribunal chargé de les juger et, s'il y a lieu, de les condamner à mort.

Craignant la violence des Soviétiques, de nombreux chefs nazis se rendent aux forces des États-Unis

[152] De nombreux journaux britanniques publiaient « Hang the Kaiser » (Pendez le Kaiser, l'empereur).

Après la capitulation allemande, des personnalités, des juristes allemands qui avaient lutté clandestinement contre le régime nazi, offrent de participer au tribunal pour qu'il ne soit pas celui des vainqueurs qui jugent les vaincus[153]. Cette offre est très froidement repoussée, alors que des organisations de jeunes étudiants telles « la Rose blanche »[154] (*Die Weiße Rose*). s'étaient engagées au point que leurs militants ont été guillotinés (1943)[155], le parti communiste allemand était resté secrètement en liaison avec son homologue français[156], tous deux interdits et clandestins, etc.

Le tribunal de Nuremberg institué par l'accord du 8 août 1945 fut donc formé de magistrats états-uniens, britanniques, soviétiques et français[157], de même que le

[153] Jean-Marc VARAUT, *Le procès de Nuremberg*, Perrin, Paris, 1993.

[154] SCHOLL Inge, *La Rose blanche – Six Allemands contre le nazisme*, Éditions de Minuit, 1955, Poche, 2008.

[155] Pierre Le Blavec de Crac'h, « 22 février 1943 – Décapitation de la "*Rose blanche*", *herodote.net.*

Ces étudiants ont été ces condamnés pour avoir distribué des tracts à l'Université de Munich, appelant à la négociation sur le front de l'Est après le désastre de Stalingrad. Sophie Scholl a été brutalisée par la Gestapo, au point de venir à l'audience sur des béquilles, une jambe cassée (ce que ne montre pas le film « *Sophie Scholl – Les derniers jours* » de Marc Rothemund). Ils n'ont pas même bénéficié des quatre-vingt-dix jours prévus au code de procédure pénale, entre leurs condamnations et les exécutions.

[156] En particulier un militant de Pont-à-Mousson, grande ville de la sidérurgie, avait été secrètement envoyé en Allemagne où il resta jusqu'à la fin de la guerre pour assurer cette liaison.

[157] Originaires des États qui signèrent à Berlin, le 8 mai 1945, face aux représentants de la Wehrmacht et de l'Allemagne, le texte de la capitulation de l'Allemagne mettant fin à la guerre en Europe.

Parquet. Seuls y furent envisagés les crimes commis par la Wehrmacht et les autres organisations allemandes d'extermination (*Einsatzgruppen*, *Sonderkommando*, etc.). Ni les crimes commis par l'armée hongroise ayant combattu aux côtés de la Wehrmacht, ni à plus forte raison ceux qui furent commis par les Britanniques (bombardement de Dresde), les Soviétiques (massacre des officiers polonais de Katyn), les États-Uniens, les Français de Leclerc (prisonniers français de la brigade Frankreich pour avoir osé répondre au général Leclerc qui leur reprochait de combattre sous un uniforme étranger, qu'il était aussi sous uniforme étranger (états-unien), ou de De Lattre de Tassigny, ne furent évoqués.

La Conférence de San Francisco du printemps 1945 fit insérer dans la Charte des Nations Unies, parmi les buts essentiels de l'Organisation, la protection et la promotion des droits de l'homme et des libertés fondamentales pour tous, sans discrimination.

La Commission du droit international des Nations Unies a élaboré un projet de statut pour une Cour criminelle internationale. Souhaitée par René Cassin[158] dès 1948 et objet de débats à l'ONU depuis 1950, l'idée s'était peu à peu perdue dans les sables lorsque lors de la 44e session de l'Assemblée générale, en 1989, le premier ministre du petit État de Trinité-et-Tobago (île des Caraïbes, dans la mer des Antilles, au large du Venezuela), A. N. R. Robinson, relance la réflexion, faisant adopter par

[158] René CASSIN : « S'il existe un droit international, il exige que règne un ordre public légal qui permette l'arrestation, le jugement et le châtiment de tous les criminels contre l'humanité. »

l'Assemblée générale une résolution d'apparence anodine et liée au seul problème des stupéfiants, intitulée « Responsabilité pénale internationale des particuliers et des entités qui se livrent au trafic illicite transfrontalier de stupéfiants [...] : création d'une cour de justice pénale internationale ayant compétence pour connaître de ces délits »[159].

D'autres tribunaux pénaux ont suivi celui de Nuremberg, celui pour l'ex-Yougoslavie, celui pour le Rwanda, etc. auxquels fut de même reproché d'être des tribunaux de vainqueurs jugeant des vaincus[160].

La fonction dissuasive de ces tribunaux était assez limitée du fait de leur création pendant ou après la commission des crimes[161]. Parce qu'elle est permanente, la Cour pénale internationale devrait inciter les responsables politiques à plus de pondération, éviter de faire ou laisser commettre les crimes de guerre ou contre l'humanité[162].

---

159 Mario BETTATI, *Le droit d'ingérence – Mutation de l'ordre international*, Odile Jacob, Paris, 1996, p.281.

160 Thierry CRUVELLIER, *Le tribunal des vaincus : Un Nuremberg pour le Rwanda ?*, Calmann-Lévy, Paris, 2006.

161 Universalis.fr, « Tribunaux pénaux internationaux ».

162 L'accord de Londres du 8 août 1945 les définit dans son article 6 : « meurtres, les exterminations, les asservissements, les déportations et autres actes inhumains, commis à l'encontre de la population civile avant ou pendant la guerre ; ou la persécution pour motifs politiques, raciaux, religieux commise en exécution des crimes entrant dans la compétence du tribunal, voire en connexion avec ces crimes. » Cette définition a été étendue par des jurisprudences postérieures : le viol, l'esclavage sexuel, la prostitution forcée, la grossesse forcée, la stérilisation forcée et les autres formes de violence sexuelle de gravité comparable. Le statut considère ces actes comme une violation grave des conventions de Genève de 1949 sur le droit humanitaire en temps

Faiblesses de la Cour pénale internationale

Une faiblesse de ces tribunaux se retrouve dans le fonctionnement de la Cour pénale internationale : l'absence d'une force de police susceptible d'intervenir n'importe où dans le monde pour en ramener les personnes poursuivies par ces juridictions. Les inculpés doivent être arrêtés par les forces nationales du pays où ils se sont réfugiés ou celui où ils vivent. Celles-ci n'interviennent qu'en conformité avec la politique adoptée par le gouvernement local. Que la Cour soit exclusivement formée d'Africains ou qu'elle comporte quelques magistrats africains à côté de magistrats d'autres continents ne changera rien tant que ce handicap n'aura pas été dépassé.

La Cour pénale internationale résulte du traité de Rome de 1998. Seuls sont concernés les États qui ont ratifié ce traité. Sont notamment restés à l'écart les États-Unis qui refusent que ses ressortissants soient jugés par une institution qui ne soit pas états-unienne, la Chine, l'Inde et la Russie.

On note en contrepartie que les États-Unis avaient fait enlever le président du Panama, Manuel Antonio Noriega qui fut condamné en 1990 par un tribunal de Miami à 40 ans de prison ferme pour trafic de stupéfiants ; cette durée fut à plusieurs reprises abrégée. En 2003, les États-Unis s'emparèrent de la personne de Saddam Hussein qu'il

---

de guerre. L'émergence du droit humanitaire a conduit à concevoir un « droit d'ingérence » lorsque des politiques se livrent en temps de paix à de telles agressions contre leur propre population.

firent juger et condamner à mort par un tribunal irakien. Le seul fait qui lui était reproché était le massacre de Chiites à Doujaïl (1982), pour crime contre l'humanité. Le tribunal composé par le gouvernement chiite mis en place par Paul Bremer était donc chiite. C'était encore le jugement et la condamnation d'un vaincu par l'allié de son vainqueur.

Compétence de la Cour pénale internationale

La Cour est conçue pour compléter les systèmes judiciaires nationaux : elle ne peut exercer sa compétence que lorsque les juridictions nationales[163] n'ont pas la volonté ou la compétence pour juger des crimes de guerre (violation des lois et coutumes de la guerre) et/ou des crimes contre l'humanité, le crime de génocide. « Ainsi, lorsque de l'avis de la Cour, l'État censé connaître de tels crimes, est manifestement défaillant ou si les peines sont manifestement insuffisantes et illustrent une volonté de protéger les coupables, la Cour pourra exercer sa compétence.[164] »

La limitation de la compétence matérielle de la Cour à un « noyau dur » de crimes particulièrement odieux, qui révoltent la conscience de l'humanité, est un élément de

[163] Après avoir recouvré son autonomie, l'Allemagne entreprit de juger plusieurs criminels de guerre. De même, le Cambodge juge les auteurs des crimes commis sous l'autorité de Pol Pot et des Khmers rouges (1975-1979).
[164] Mario BETTATI, *Le droit d'ingérence... », op. cit.*, p. 283.

consensus important[165]. Son ancêtre de Nuremberg ne se contenta pas de fonder ses décisions sur les Conventions signées à La Haye, mais innova en concevant le « crime contre l'humanité ». Au contraire de l'actuelle Cour pénale internationale qui ne peut juger que des ressortissants d'États ayant ratifié son Statut, des personnalités allemandes, y compris le maréchal Keitel qui avait signé la convention d'armistice à Berlin, le 8 mai 1945, furent jugées et condamnées.

La CPI peut exercer sa compétence si la personne mise en accusation est un national d'un État membre, ou si le crime supposé a été commis sur le territoire d'un État membre, ou encore si l'affaire lui est transmise par le Conseil de Sécurité des Nations Unies.

La saisine par le Conseil de Sécurité est limitée dans le cadre du chapitre VII de la charte des Nations Unies, c'est-à-dire *" en cas de menace contre la paix, de rupture de la paix et d'acte d'agression "*.En principe, le Conseil devrait se limiter aux seules actions de guerre internationales, ce qui devrait exclure dans les conflits armés non internationaux et les actes de répression purement interne, entrepris par le gouvernement d'un État contre un groupe ou des membres d'un groupe, ethnique ou religieux. Il est arrivé le Conseil de Sécurité considère que des conflits, apparemment internes, puissent constituer une menace contre la paix : Rwanda, Haïti, Angola, Somalie, Afghanistan... Toutefois, dans chaque cas pouvait-il s'appuyer sur des *risques d'extension internationale de*

[165] Mario BETTATI, *Le droit d'ingérence... », op. cit.*, p. 282.

conflits, liés à des *mouvements de réfugiés*, à des *situations humanitaires dramatiques*, à des perspectives de *destruction d'un État* mettant en péril son intégrité territoriale[166], etc.

Contrairement aux juridictions pénales antérieures, la Cour pénale internationale de La Haye, par sa composition, par sa permanence, n'est plus un tribunal de vainqueurs. Cependant, parce que les prévenus qui lui sont envoyés le sont par une autorité éventuellement mise en place à l'issue d'une guerre civile ou de très graves désordres, la CPI n'est pas exempte de ce reproche.

II États africains hostiles à la CPI

Sont particulièrement hostiles à l'actuelle Cour pénale internationale des Chefs d'État auxquels des actes furent fermement reprochés, contraires aux droits de l'homme, le président du Kenya, Uhuru Kenyatta[167], qui a pris la tête de la contestation à l'occasion du dernier sommet de l'Union africaine, le Zimbabwe de Robert Mugabe, et son homologue sud-africain Jacob Zuma – qui a déjà brandi la menace de quitter la CPI. L'Ougandais Yoweri Museveni

[166] D'après Sénat (France), « B. Le Rôle du Conseil de Sécurité sur le fonctionnement de la Cour pénale internationale. » https://www.senat.fr/rap/r98-313/r98-3139.html

[167] Uhuru Kenyatta a été élu dès le premier tour en 2013, en dépit des poursuites qui étaient engagées contre lui devant la CPI pour crimes contre l'humanité commis dans son pays lors des violences postélectorales de 2007-2008. Cette élection a entrainé suspension des poursuites qui ont été abandonnées en décembre 2014.

milite lui aussi pour un retrait collectif. Son voisin rwandais Paul Kagamé, dont le pays n'est pas signataire du statut de Rome, pourfend régulièrement l'institution[168]. La géographie du refus épouse en grande partie celle des pays où les conflits interethniques ont été particulièrement violents.

Ces chefs d'État négligent qu'au Yémen, en Somalie, etc., au lieu d'arrêter et déférer devant la CPI des chefs de clans, de groupes qui organisent des actions contraires à l'intérêt des États-Unis ou de sa conception de la vie en commun, des prédicateurs trop actifs à pousser leurs fidèles, les lecteurs de leurs blogs, dans un sens hostile à la politique des États-Unis, finissent éliminés par le tir d'un drone[169], ou l'action d'une unité spéciale, même s'il est un ressortissant états-unien[170]. Si la « cible » n'est pas dans le véhicule visé, les occupants sont éliminés à sa place ; si le drone frappe le mauvais véhicule ou la mauvaise maison, les occupants en sont aussi éliminés ; lorsqu'une unité spéciale attaque, elle élimine tout ce qui est sur son chemin. Cette solution est-elle préférable à un débat dans un prétoire, quelle qu'en soit la fin devant une juridiction qui ne peut prononcer la peine de mort ?

L'adhésion ou le retrait de la CPI est un acte qui n'engage qu'un État, non un continent. D'ailleurs, même

---

[168] D'après Mehdi BA, « L'Union africaine et la CPI au bord du divorce », *Jeune Afrique*, 15 février 2016.

[169] Jeremy SCAHILL, « L'année du drone », *Le nouvel art de la guerre* (*Dirty wars)*, LUX Éditeur, Montréal, 2014, pp. 423-429.

[170] Jeremy SCAHILL, « Anwar Al-Awlaki est voué à devenir la cible d'un missile », *op. cit.*, pp. 489-494.

dans son propre pays, le fils du Père de l'Indépendance du Kenya, Uhuru Kenyatta, a du mal à rallier tous les suffrages au combat qu'il mène depuis plus de deux ans contre la CPI : les faiblesses de la CPI, sont liées plus aux textes qui la régissent qu'à son fonctionnement[171].

Créer une Cour exclusivement africaine, ne changera rien aux difficultés qui s'opposent au bon fonctionnement de la Cour, qui résultent des principes du droit international : il suffira que les États africains qui voudront rester à l'écart de cette Cour, se dispensent d'en ratifier le traité constitutif.

Les 17 et 18 mars 2016, l'université de Gimpa à Accra a reçu une conférence internationale portant sur la Cour pénale internationale. Sept proches de Laurent Gbagbo y ont participé. Ils ont interrogé la procureure Fatou Bensouda sur les raisons qui font que seuls Laurent Gbagbo et Charles Blé Goudé sont poursuivis et que Simone Gbagbo a été appelée par la CPI. L'article publié par Cyrille Djedjed[172] omet de publier la réponse de la procureure. Les admirateurs de Laurent Gbagbo semblent ignorer les demandes envoyées par La Haye à Abidjan, restées sans suite.

---

[171] D'après *JusticeInfo.net*, « La politique étrangère du Kenya dominée par le combat contre la CPI », 5 février 2016 http://www.hirondelle.org/index.php/fr/rss/192-fondation-hirondelle/operations/justiceinfo-net/actualite/1180-justiceinfo-net-la-politique-etrangere-du-kenya-dominee-par-le-combat-contre-la-cpi

[172] Cyrille DJEDJED, « Conférence internationale sur la CPI au Ghana : débats houleux entre Bensouda et les pro-Gbagbo », 19 mars 2016, http://www.linfodrome.com/vie-politique/25438-conference-internationale-sur-la-cpi-au-ghana-debats-houleux-entre-bensouda-et-les-pro-gbagbo

Il ne semble pas que les Chefs d'État mécontents du fonctionnement de la CPI, aient proposé à la collectivité internationale, la variante à son statut qui répondrait à leurs attentes.

Si l'indépendance de la nouvelle Cour est douteuse et si les sanctions qu'elle décide sont dérisoires, un risque ne doit pas être négligé : les États-Unis continuant la politique extérieure entreprise par George W. Bush et étendue par Barack H Obama (ce qui est très vraisemblable si Mme Hilary Clinton était élue[173]), élargit sa campagne de drones et d'intervention des forces spéciales.

Une société civile africaine et des États favorables à la CPI

Le principal opposant au président Uhuru Kenyatta, Raila Odinga, considère que les peuples africains, souvent sous le joug de dictateurs criminels, ont besoin de la CPI[174].

---

[173] Eliza COLLINS, « Historians: Clinton, Obama tied together », *USA Today*, 9 août 2016 : « Obama [...] dit que son ex-secrétaire d'État terminera le travail qu'il a entrepris. L'étroite relation qui existe entre eux, donne à Clinton des opportunités pour capitaliser sur la popularité de l'actuel président [...] »
http://www.usatoday.com/story/news/politics/elections/2016/08/08/historians-clinton-obama-approval/88068172/?utm_source=feedblitz&utm_medium=FeedBlitzRss&utm_campaign=usatoday-newstopstories

[174] « La politique étrangère du Kenya dominée par le combat contre la CPI », *op. cit.*, 5 février 2016.

En face, « le Sénégal a été le premier État à ratifier le Statut de Rome le 2 février 1999, sous la présidence d'Abdou Diouf, marquant ainsi sa volonté de contribuer à la lutte contre l'impunité dans l'ensemble de la région Afrique[175]. » Les 14 et 15 juillet 2016, lors de la réunion des ministres des Affaires étrangères, le Sénégalais Mankeur Ndiaye, s'est montré catégorique : il ne revient pas à l'UA, non membre de la CPI, de décider en lieu et place des trente-quatre États signataires du statut de Rome[176].

Le 13 juillet 2012, le ministre de la Justice, Garde des Sceaux du Mali, a écrit à la procureure de la CPI, « requérant d'enquêter sur la situation du Mali depuis le mois de janvier 2012 en vue de déterminer si une ou plusieurs personnes identifiées devraient être accusées des crimes [de violations graves et massives des droits de l'Homme et du droit international humanitaire commises notamment dans la partie nord du territoire]. »

Le 18 novembre 2015, au moment où l'Assemblée des États partie (AEP) entame sa 14e session, trente-et-une organisations de la société civile africaine, dont deux d'origine kenyane[177], « proposent une analyse de ces avancées, et formulent des recommandations aux États partis africains à la CPI pour cette session, afin de s'assurer

---

[175] LA COUR PÉNALE INTERNATIONALE ET LE SÉNÉGAL : DIRECTIVES POUR LA MISE EN OEUVRE DU STATUT DE ROME AU SÉNÉGAL

[176] « Cour pénale internationale : Dakar contre un "Afrexit" », *Jeunes Afrique*, 25 juillet 2016.

[177] « Kenya Human Rights Commission » et « Kenyans for Peace with Truth and Justice ».

que les individus responsables de crimes de guerre, de génocide et de crimes contre l'humanité soient traduits en justice pour crimes graves commis en violation du droit international. » Ce mémorandum énumère les noms de plusieurs présumés auteurs de crimes contre l'humanité envoyés par des gouvernements africains à La Haye pour y être jugés. Il déplore que l'Afrique du Sud ait reçu Omar el-Béchir, président du Soudan alors qu'il est l'objet d'un mandat pour crime contre l'humanité.

La Cour pénale internationale souligne la particularité de la situation de la Côte d'Ivoire : « Elle n'était pas partie au Statut de Rome le 18 avril 2003, lorsqu'elle a accepté la compétence de la CPI, conformément à l'article 12, paragraphe 3 du statut de la Cour pénale internationale. Le 3 octobre 2011, la Chambre préliminaire III a autorisé le Procureur à ouvrir de sa propre initiative une enquête sur la situation en Côte d'Ivoire, au sujet des crimes relevant de la compétence de la Cour qui auraient été commis depuis le 28 novembre 2010. En octobre 2011, **le procureur de la CPI a pris l'initiative d'ouvrir une enquête.** Le 15 février 2013, la Côte d'Ivoire a ratifié le Statut de Rome[178]. » Dans ce cas, on note que « en autorisant le Procureur à ouvrir une enquête, la Chambre préliminaire de la CPI a pris note de son intention d'enquêter tant sur les actes des forces pro-Gbagbo que sur ceux des forces pro Ouattara[179]. » En fait seuls Laurent Gbagbo et Charles Blé Goudé ont été effectivement déférés alors que la Cour avait demandé que

[178] Cour pénale internationale, « Situation en République de Côte d'Ivoire, ICC-02-11 », https://www.icc-cpi.int/cdi?ln=fr
[179] Cour pénale internationale, *op. cit.*

lui soient aussi envoyés des responsables de l'autre camp. L'apparence de « procès des vaincus » ne résulte donc pas d'un choix des autorités de La Haye, mais de son incapacité statutaire à se saisir des personnes qu'elle inculpe.

La situation du Tchad est encore plus particulière. Le 1er novembre 2006, le Tchad a déposé son instrument de ratification au Statut de Rome. Le statut est entré en vigueur pour le Tchad le 1er janvier 2007. Les faits reprochés à Hissène Habré ont été commis entre 1982 et 1990, donc bien avant que le Tchad ratifie le Statut de Rome et avant même que ce statut ait été adopté (1998). Certes, les crimes contre l'humanité ne sont pas prescriptibles.

Composition de la CPI de La Haye dans un passé récent

Il est difficile d'évoquer le passé colonial pour contester la CPI de La Haye : sur 19 membres autres que la présidente, seuls cinq sont originaires de pays qui ont pratiqué la colonisation, y compris l'Allemagne qui ne la pratiqua que fort brièvement. Cela ne signifie en rien que ces cinq magistrats aient un quelconque regret du passé colonial qui a pris fin depuis près de deux générations.

Inégalité devant la CPI

Tous les crimes ne sont pas jugés par la CPI. Les ressortissants des États qui n'ont pas ratifié le Statut de Rome (par exemple : États-Unis, Irak, Liban, Libye, Qatar, Arabie saoudite, Chine, *Inde*, Israël) ne peuvent être poursuivis. C'est ainsi que George W. Bush, ressortissant états-unien, auteur d'un « crime contre la paix » (désigné « crime d'agression »[180] dans le Statut de Rome depuis 2010[181]) contre l'Irak en 2003, ne sera jamais déféré devant la CPI, il en est de même de l'Arabie saoudite qui n'admet ni la liberté de pratique religieuse, ni l'égalité des droits des femmes et des hommes (ce pays n'a pas ratifié le Pacte International relatif aux droits civils et politiques).

Comme nous l'avons écrit, l'absence d'une police susceptible de franchir les frontières, s'oppose à ce que soient appréhendées des personnes défendues par leurs autorités nationales. Ne sont jugées que celles qui sont envoyées. C'est ainsi que Laurent Gbagbo doit s'expliquer devant la Cour, assisté de ses avocats, tandis que Guillaume Soro, les ex-com'zones qui ont pillé le quart nord de la Côte d'Ivoire pendant huit ans au moins, en sont dispensés. La CPI les a demandés, …mais ne les recevra probablement jamais, tout au moins tant que le régime aux mains d'Alassane Dramane Ouattara sera en place.

La CPI s'est interdite de procéder contre les Chefs d'État en fonction. A profité de cette règle le vice-président du Kenya, William Ruto, jusqu'à ce que les

---

[180] L'accord de Londres du 8 août 1945 le définit dans son article 6 : « Les crimes contre la paix, c'est-à-dire la direction, la préparation, l'initiative et l'exécution de guerres d'agression et de guerres entreprises en violation des traités internationaux. »

[181] Inscrire le crime d'agression dans les compétences de la CPI, a pour effet de lui permettre de juger non seulement les personnes, mais les États, puisque le « crime d'agression « n'est pas imputable à une personne, mais à un État » (Mario BETTATI, *op. cit.*, p. 282).

poursuites pour crime contre l'humanité soient abandonnées[182].

Conclusion

Plus qu'à la Cour, les reproches s'adressent au Statut de Rome, donc aux États qui en ont été les auteurs et qui ne l'amendent pas malgré les contestations.

La CPI est indépendante des États, mais n'est pas supranationale : elle est née d'un traité et doit se conformer aux règles et coutumes du droit international tant qu'un amendement ne lui accordera pas le droit d'ingérence qui reste un apanage des États.

Une Cour construite selon le même schéma, qu'elle soit africaine ou d'un autre continent, encourra les mêmes reproches.

Une évolution du statut de la Cour peut être envisagée. Elle sera débattue au plus haut niveau international.

La CPI a la particularité d'exercer et donc d'élaborer une jurisprudence à la suite de celles qui furent construites depuis 1945, en l'absence d'un exécutif (à moins d'attribuer cette fonction de façon quelque peu arbitraire au Conseil de Sécurité des Nations unies) alors qu'existe un pouvoir législatif, l'Assemblée générale des Nations Unies.

---

[182] « Kenya : la CPI abandonne les poursuites contre le vice-président William Ruto », *Jeune Afrique* avec *AFP*, 5 avril 2016.

« L'État africain né des indépendances est dans le creux de la vague : non content d'échouer à réaliser les rêves d'unité, il s'est laissé entrainer dans le gouffre de la folie ethnique. Les élites s'étant révélées inefficaces et corrompues, les peuples qui revendiquent désormais leurs droits, font appel au seul modèle encore à disposition, la démocratie d'inspiration libérale. [...] Dans certains cas, les troubles sociaux balaient le peu de stabilité péniblement acquis tout au long des premières décennies d'indépendance.[183] »

L'évolution de la pensée moderne qui conduit à la création de la CPI, est d'abord liée à l'expérience politique des régimes libéraux, et notamment de ceux qui sont issus de la tradition britannique[184]. Il est difficile d'en imaginer une variante qui serait plus indépendante, tenant compte des règles et coutumes du droit international public.

Les magistrats et le procureur exercent leurs fonctions en raison de mandats de quelques années. Tous les pays sont donc successivement sollicités pour envoyer un magistrat. Malgré l'hostilité de l'actuel président du Kenya, un magistrat de ce pays exercera à La Haye jusqu'en 2018.

La fin du monde bipolaire a laissé les États africains orphelins de ce qui avait été leur philosophie politique,

---

[183] Mario GIRO, « Introduction », *Le livre noir de la condition des chrétiens dans le monde*, pp.426-427.

[184] D'après Philippe RAYNAUD, « Le juge, la politique et la philosophie », Situation de la démocratie, Gallimard-Le Seuil, Paris, 1993, p.116.

que ce soit celle dictée par Moscou ou celle inspirée par l'« Occident ».

On constate que les théocraties musulmanes qui se sont dotées de leur propre « Déclaration des Droits de l'homme musulman », ne contestent ni l'existence ni le fonctionnement de la Cour pénale internationale.

Bien plus qu'une parité, il y a actuellement onze magistrats féminins outre la procureure pour huit magistrats masculins, la présidence de la Cours est assurée par une femme de même que son Parquet, alors que dans de nombreux pays il n'est pas admis qu'une femme soit ministre ni à plus forte raison présidente.

Les magistrats de La Haye sont très stricts sur certains principes. Il a été notamment interdit aux avocats de Laurent Gbagbo d'appeler « président », leur client : devant la Cour, il n'y a que des hommes et des femmes tenues d'expliquer des comportements passés.

Il importe que le public et les personnels politiques connaissent le Statut de Rome et les dispositions de droit international pénal et du droit international humanitaire ainsi que celles qui portent sur « la responsabilité de protéger » qui autorisent des interventions qui entament la souveraineté d'un État qui se comporte de façon criminelle à l'encontre de certains éléments de sa population.

Une police doit interpeler puis déférer devant un tribunal, non abattre comme le font un drone ou une unité spéciale.

Résumé

Des dirigeants africains contestent le rôle universel de la Cour pénale internationale. Ils veulent lui substituer une Cour africaine et pousser les trente-quatre membres de l'Union africaine à dénoncer leur ratification du Statut de Rome. D'autres États du même continent semblent satisfaits, malgré ses faiblesses, de l'activité de cette Cour ; des membres de la société civile ont la même attitude.

L'histoire de cette Cour éclaire sur son statut et montre l'origine de ses failles. Elle invite à s'interroger sur ce que serait une Cour régionale.

Abstract

Some African leaders dispute the universal role of the International Criminal Court. They want to substitute for the ICC, an African Court and push thirty four members of the African Union to cancel their ratification of the Status of Rome. Other States of the same continent seem content of the activity of this Court, despite his weaknesses; members of the civil society have the same attitude.

The history of the Court shines on his status and shows the origin of the weaknesses. It invites to wonder about a possible regional court.

Mots-clés : Cour pénale internationale, Statut de Rome, tribunal de Nuremberg, crime de guerre, crime contre l'humanité.

Annexe
Juges de la CPI récemment en fonction

Nom	Nationalité	Sexe	Liste A/B	Fin du mandat
ALUOCH, Joyce	Kenya	Féminin	A	2018
BLATTMANN, René	Bolivie	Masculin	B	2009
COTTE, Bruno	France	Masculin	A	2012
DIARRA, Fatoumata Dembele	Mali	Féminin	A	2012
FERNANDEZ DE GURMENDI, Silvia	Argentine	Féminin	A	2018
FULFORD, Adrian	Royaume-Uni	Masculin	A	2012
KAUL, Hans-Peter	Allemagne	Masculin	B	2015
KOURULA, Erkki	Finlande	Masculin	B	2015
KUENYEHIA, Akua	Ghana	Féminin	B	2015
MONAGENG, Sanji Mmasenono	Botswana	Féminin	B	2018
NSEREKO, Daniel David Ntanda	Ouganda	Masculin	A	2012
ODIO BENITO, Elizabeth	Costa Rica	Féminin	A	2012
OZAKI, Kuniko	Japan	Féminin	B	2018
SONG, Sang-hyun	République de Corée	Masculin	A	2015
STEINER, Sylvia H. de Figueiredo	Brésil	Féminin	A	2012
TARFUSSER, Cuno	Italie	Masculin	A	2018
TRENDOFILOVA, Ekaterina	Bulgarie	Féminin	A	2015
USACKA, Anita	Lettonie	Féminin	B	2015

VAN DER WYNGAERT, Christine	Belgique	Féminin	A	2015

Européens d'ex-pays colonisateurs	5
Autres Européens	3
Africains	5
Amérique centrale et du Sud	4
Asie	2

Femmes	11
Hommes	8

Procureur : Mme Fatou BENSOUDA, de Gambie

P*résident* de la *CPI* : la juge argentine Silvia Fernández de GURMENDI, élue le 11 mars 2015 pour une durée de trois ans

Bibliographie

BA Mehdi, « L'Union africaine et la CPI au bord du divorce », *Jeune Afrique*, 15 février 2016

BETTATI Mario, *Le droit d'ingérence – Mutation de l'ordre international*, Odile Jacob, Paris, 1996

BOGDAN Henry, « Guillaume II et l'Europe d'avant 1914 », *La Nouvelle Revue d'Histoire*, Hors-série, n° 8 h, printemps-été 2014, p. 48-52

CRUVELLIER Thierry, *Le tribunal des vaincus : Un Nuremberg pour le Rwanda ?*, Calmann-Lévy, Paris, 2006

DJEDJED Cyrille, « Conférence internationale sur la CPI au Ghana : débats houleux entre Bensouda et les pro-Gbagbo », 19 mars 2016

Jeunes Afrique, « Cour pénale internationale : Dakar contre un "Afrexit" », 25 juillet 2016

Jeune Afrique avec *AFP*, « Kenya : la CPI abandonne les poursuites contre le vice-président William Ruto », 5 avril 2016

JusticeInfo.net, « La politique étrangère du Kenya dominée par le combat contre la CPI », 5 février 2016

LA COUR PÉNALE INTERNATIONALE ET LE SÉNÉGAL : DIRECTIVES POUR LA MISE EN OEUVRE DU STATUT DE ROME AU SÉNÉGAL

LE BLAVEC de Crac'h Pierre, « 22 février 1943 – Décapitation de la "*Rose blanche*", *herodote.net*

RÉZEAU Dominique, « L'Église du silence », in *Le livre noir de la condition de chrétiens dans le monde* sous la direction de Jean-Michel di Falco, Timotyy Radcliffe, Andrea Riccardi, XO Éditions, Paris, 2014

ROTHEMUND Marc, *Sophie Scholl – Les derniers jours*, film

SCAHILL Jeremy, *Le nouvel art de la guerre (Dirty wars)*, LUX Éditeur, Montréal, 2014

SCHOLL Inge, *La Rose blanche – Six Allemands contre le nazisme*, Éditions de Minuit, 1955, Poche, 2008

Sénat (France), « B. Le Rôle du Conseil de Sécurité sur le fonctionnement de la Cour pénale internationale. » https://www.senat.fr/rap/r98-313/r98-3139.html

Universalis.fr, « Tribunaux pénaux internationaux »

VARAUT Jean-Marc, *Le procès de Nuremberg*, Perrin, Paris, 1993

LES CAHIERS DE L'IREA
N° 8 - 2016

Philosophie et droit

Vincent Davy KACOU OI KACOU
Historicité poétique africaine dans la trame historique universelle

Joseph WOUAKO TCHALEU
Philosophie de l'Histoire et Négritude

Patrice Jean AKE
Qu'est-ce que la vertu ? La réponse du *Ménon* de Platon.

Claude GARRIER
300 millions de dollars. Lutte anti-blanchiment et État de droit.

Pascal KOLESNORE
L'éthique kantienne : crises et ruptures consécutives au mal radical

COMMANDE

*

LES CAHIERS DE L'IREA
(Institut de Recherche et d'Études Africaines)

La revue Les Cahiers de l'IREA *est disponible, sur commande, par correspondance aux Éditions L'Harmattan, 7 rue de l'École Polytechnique, 75005 Paris et à l'adresse mail : virginie.robert@harmattan.fr*

✂……………………………...………………

BON DE COMMANDE

NOM ET PRENOM……....………………………………………..

ADRESSE…………..……….……………………………………..

CODE POSTALE……….…………………………………………..

DATE SIGNATURE

Règlement par chèque postal, bancaire ou mandat international à l'ordre des Éditions l'Harmattan :

Éditions L'Harmattan, 7 rue de l'École polytechnique, 75005 Paris

L'HARMATTAN ITALIA
Via Degli Artisti 15; 10124 Torino
harmattan.italia@gmail.com

L'HARMATTAN HONGRIE
Könyvesbolt ; Kossuth L. u. 14-16
1053 Budapest

L'HARMATTAN KINSHASA
185, avenue Nyangwe
Commune de Lingwala
Kinshasa, R.D. Congo
(00243) 998697603 ou (00243) 999229662

L'HARMATTAN CONGO
67, av. E. P. Lumumba
Bât. – Congo Pharmacie (Bib. Nat.)
BP2874 Brazzaville
harmattan.congo@yahoo.fr

L'HARMATTAN GUINÉE
Almamya Rue KA 028, en face
du restaurant Le Cèdre
OKB agency BP 3470 Conakry
(00224) 657 20 85 08 / 664 28 91 96
harmattanguinee@yahoo.fr

L'HARMATTAN MALI
Rue 73, Porte 536, Niamakoro,
Cité Unicef, Bamako
Tél. 00 (223) 20205724 / +(223) 76378082
poudiougopaul@yahoo.fr
pp.harmattan@gmail.com

L'HARMATTAN CAMEROUN
BP 11486
Face à la SNI, immeuble Don Bosco
Yaoundé
(00237) 99 76 61 66
harmattancam@yahoo.fr

L'HARMATTAN CÔTE D'IVOIRE
Résidence Karl / cité des arts
Abidjan-Cocody 03 BP 1588 Abidjan 03
(00225) 05 77 87 31
etien_nda@yahoo.fr

L'HARMATTAN BURKINA
Penou Achille Some
Ouagadougou
(+226) 70 26 88 27

L'HARMATTAN SÉNÉGAL
10 VDN en face Mermoz, après le pont de Fann
BP 45034 Dakar Fann
33 825 98 58 / 33 860 9858
senharmattan@gmail.com / senlibraire@gmail.com
www.harmattansenegal.com

L'HARMATTAN BÉNIN
ISOR-BENIN
01 BP 359 COTONOU-RP
Quartier Gbèdjromèdé,
Rue Agbélenco, Lot 1247 I
Tél : 00 229 21 32 53 79
christian_dablaka123@yahoo.fr

Achevé d'imprimer par Corlet Numérique - 14110 Condé-sur-Noireau
N° d'Imprimeur : 136442 - Dépôt légal : mars 2017 - *Imprimé en France*

www.ingramcontent.com/pod-product-compliance
Lightning Source LLC
LaVergne TN
LVHW011040061026
849535LV00006B/2103
9782343116075